Büchel/Hirsch · Internetkriminalität

Grundlagen
Die Schriftenreihe der „Kriminalistik"

Internetkriminalität

Phänomene – Ermittlungshilfen – Prävention

von
Michael Büchel
und
Peter Hirsch

2., neu bearbeitete Auflage

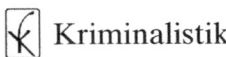 Kriminalistik

Kriminalistik
Michael Büchel, Kriminalhauptkommissar, Studium an der FHVR in Bayern, Studium der Rechtswissenschaften (Assessor ref. jur.), Studium der Kriminologie und Strafrechtspflege (LL.M.), IT-Recht, Geprüfter Sachverständiger für Digitale Forensik, Gastdozent an verschiedenen Bildungseinrichtungen der Polizei, Justiz und Wirtschaft.
Peter Hirsch, Polizeihauptkommissar, Studium an der FH für öffentliche Verwaltung, Fachbereich Polizei, Studium der Kriminologie und Polizeiwissenschaft (M.A.), stellv. Leiter einer Polizeiinspektion, Leiter der AG „Internetkriminalität" bei der Deutschen Gesellschaft für Kriminalistik (DGfK), ehem. Gastdozent an der Hochschule Augsburg, Fakultät für Informatik, und am Fortbildungsinstitut der bayerischen Polizei.

Bibliografische Information Der Deutschen Nationalbibliothek

Die Deutsche Nationalbibliothek verzeichnet diese Publikation in der Deutschen Nationalbibliografie; detaillierte bibliografische Daten sind im Internet über <http://dnb.d-nb.de>abrufbar.

Bei der Herstellung des Werkes haben wir uns zukunftsbewusst für umweltverträgliche und wiederverwertbare Materialien entschieden. Der Inhalt ist auf elementar chlorfreies Papier gedruckt.

Foto Umschlag: snoeri

ISBN 978-3-7832-0057-7

E-Mail: kundenservice@cfmueller.de

Telefon: +49 89/2183 7923
Telefax: +49 89/2183 7620

© 2020 C.F. Müller GmbH, Waldhofer Straße 100, 69123 Heidelberg

www.kriminalistik.de
www.cfmueller.de

Dieses Werk, einschließlich aller seiner Teile, ist urheberrechtlich geschützt. Jede Verwertung außerhalb der engen Grenzen des Urheberrechtsgesetzes ist ohne Zustimmung des Verlages unzulässig und strafbar. Das gilt insbesondere für Vervielfältigungen, Übersetzungen, Mikroverfilmungen und die Einspeicherung und Bearbeitung in elektronischen Systemen.

Satz: preXtension, Grafrath
Druck: CPI books, Leck

Vorwort

Nichts ist beständiger als der Wandel! Diese Weisheit, deren Urheberschaft den unterschiedlichen Personen zugeschrieben wird, passt ebenso auf die unterschiedlichen Phänomene der Internetkriminalität. Dabei wird die Wandlungsfähigkeit vor allem den im Netz agierenden Personen zugeschrieben, welche das Netz in unerlaubter Weise zu ihrem (finanziellen) Vorteil nutzen. Als Beispiele lassen sich die professionelleren Phishingmails der letzten Jahre oder die erweiterte Programmierung von Malware, die abwartet bis beispielsweise eine externe Festplatte zur Datensicherung an den Rechner angeschlossen wird und diese dann gleich mitverschlüsselt. Wandlungsfähig müssen dahingehend auch die Ermittler im staatlichen und privaten Bereich sein.

In dieser Neuauflage wurden daher die Phänomene der Internetkriminalität aktualisiert. Neu mit aufgenommen wurden zum Beispiel die Erscheinungen „Sexpressung" oder der „Video-Ident-Betrug". Nicht eingearbeitet wurden Betrugsmaschen im Zuge der im Jahr 2020 grassierenden „Corona-Pandemie", da es sich nicht um neue Phänomene, sondern lediglich einen geänderten Anlass zum Versand von Phishingmails handelt.

Weggefallen sind dafür beispielsweise einige PIN-Verfahren, die das Onlinebanking betreffen. Da diese potenziell unsicher waren, wurden sie durch neue ersetzt.

Die Grundzüge der Computerforensik wurden um einen kurzen Einblick in die „Mobile Forensik" erweitert. Und schließlich wurde der Überblick über staatliche und private Organisationen, die sich mit der Bekämpfung der Internetkriminalität im weitesten Sinn beschäftigen. Auch in diesem Bereich gab es einen minimalen Wandel.

Wie auch in der ersten Ausgabe bitten die Autoren um eine kurze Mail für den Fall, dass wir ein Phänomen aufgrund unserer Interpretation falsch dargestellt haben. Die Adresse lautet immer noch wie in der ersten Auflage www.internetkriminalitaet@gmx.net.

Heidelberg, im Mai 2020 *Michael Büchel und Peter Hirsch*

Vorwort zur 1. Auflage

Es gibt bereits eine Vielzahl von Büchern, die sich mit dem Thema Internetkriminalität beschäftigen. Wer also sollte dieses Buch lesen? Es wendet sich an Polizeibeamte in Ausbildung und Ermittler in Ermittlungsgruppen der Dienststellen der Schutzpolizei, die sich einen ersten Überblick über Phänomene der Internetkriminalität verschaffen wollen. Ebenso geeignet ist es für Privatermittler und alle, die sich aus anderen Gründen mit der Materie vertraut machen wollen. Für Berufsgruppen, die fundierte Kenntnisse auf dem Gebiet der Internetkriminalität haben (Strafverfolgung, Forensik zur Auswertung, Penetration von Systemen zur Aufdeckung von Sicherheitslücken oder Prävention), wird es ausreichend sein zu wissen, dass es dieses Werk gibt. Einen essentiellen Mehrwert an Wissen wird diesem Personenkreis die Lektüre nicht verschaffen.

Der Inhalt des Buches ist so aufgebaut, dass zuerst eine kurze Einführung in die Thematik gegeben wird. Dazu gehört neben einem Blick darauf, warum das World-Wide-Web für Straftäter so interessant geworden ist, auch der auf die Schwierigkeiten, die vielschichtigen Möglichkeiten der Begehung von Delikten im, mit dem, durch das und auf das Medium Internet in eine Definition zu fassen. Die Betrachtung der Begriffsbestimmung ist eng verwoben mit den rechtlichen Grundlagen auf nationaler und europäischer Ebene, weswegen auch diese kurz gestreift werden.

In den einzelnen Kapiteln werden aktuelle Phänomene der Internetkriminalität aufgegriffen und beschrieben. Dazu wird ein bewusst straff geführter Abriss über mögliche Strafrechtsnormen und zivilrechtlicher Bestimmungen gegeben. Straff deshalb, da im Buch die Phänomene als solche im Mittelpunkt stehen sollen und die Autoren davon ausgehen, dass die Themen im Strafrechtsunterricht in der Aus- und Fortbildung tiefergehender behandelt werden. Die im Anschluss an die Erscheinungsformen aufgeführte Checkliste soll die in der Aus- und Fortbildung vermittelte Vorgehensweise zur Sachbearbeitung um praxisnahe Tipps und Hinweise auf mögliche Ermittlungsansätze ergänzen. Breiter Raum wird am Ende eines jeden Kapitels den Präventionsmöglichkeiten geboten. Die Vermittlung dieser Hinweise sollte nicht nur bei einer Anzeigenerstattung gegenüber dem Geschädigten für zukünftiges Verhalten obligatorisch sein, sondern auch bisher nicht betroffene User – auch Polizeibeamte und sonstige Ermittler – vor Nachteilen schützen.

In diesem Zusammenhang darf auf keinen Fall ein Kapitel über die Passwortsicherheit fehlen. Abgerundet wird der Inhalt durch einen Einblick in die Grundzüge der Computerforensik und eine kurze Vorstellung von stattlichen und privaten Organisationen, die sich mit der Bekämpfung von Internetkriminalität im weitesten Sinn beschäftigen.

Ungeachtet gewissenhafter Recherche zu den Inhalten des Buches wird es vorkommen, dass von den Autoren, trotz mehrseitiger Absicherungen, Sachverhalte falsch interpretiert wurden. Sollte dies vorgekommen sein, steckt keine böse Absicht oder Gedankenlosigkeit dahinter. Allerdings würden wir uns in diesem Fall über konstruktive Kritik freuen, die unter www.internetkriminalitaet@gmx.net an uns gerichtet werden kann. Die Kontaktaufnahme in diesem Fall bringt nicht nur uns weiter, sondern es profitieren in Zukunft alle Leserinnen und Leser, da wir diese Fehlinterpretation dann vermeiden können.

Heidelberg, im Mai 2014 *Michael Büchel und Peter Hirsch*

Inhaltsverzeichnis

Vorwort V
Vorwort zur 1. Auflage VII
Literaturverzeichnis XV
Abbildungsverzeichnis XIX

I.	**Einleitung**	1
	1. Definition Internetkriminalität	3
	2. Computerkriminalität in der PKS	6
II.	**Identitätsdiebstahl**	8
	1. Phänomenbeschreibung	8
	2. Strafrechtliche Relevanz	12
	3. Zivilrechtliche Relevanz	13
	4. Checkliste für die Ermittlungspraxis	14
	5. Präventionsmaßnahmen	14
III.	**Social Engineering, Social Hacking**	17
	1. Phänomenbeschreibung	17
	2. Strafrechtliche Relevanz	20
	3. Zivilrechtliche Relevanz	22
	4. Checkliste für die Ermittlungspraxis	23
	5. Präventionsmaßnahmen	23
IV.	**Phishing**	26
	1. Phänomenbeschreibung	26
	1.1 Wie läuft ein Phishing-Angriff ab?	26
	1.2 Beispiel für den Inhalt einer Phishingmail ...	27
	2. Strafrechtliche Relevanz	30
	3. Zivilrechtliche Relevanz	31
	4. Ermittlungsmöglichkeiten	32

4.1	E-Mail	32
4.2	Phishingseite (www.)	36
5.	Checkliste für die Ermittlungspraxis	40
6.	Präventionsmaßnahmen	40

V. Internetbanking, Onlinebanking 43

1.	Phänomenbeschreibung	43
2.	Verwendete Techniken im Onlinebanking	43
2.1	Banksoftware	44
2.2	Browserunterstützte Techniken	44
3.	Authentifizierung	45
3.1	Nachweis der Kenntnis einer Information (Wissen)	45
3.2	Verwendung eines Besitztums (Besitz)	46
3.3	Gegenwart des Benutzers selbst (Inhärenz)	48
3.4	Zwei-Faktoren-Authentifizierung	49
4.	Die wichtigsten Onlinebanking-Verfahren im Überblick	50
4.1	FinTS/HBCI	50
4.2	HBCI+	52
4.3	TAN, iTAN, iTANplus	52
4.4	mTAN – mobile TAN	52
4.5	Portierung der Mobilfunkrufnummer/Neue SIM-Karte/SIM-Swapping-Angriff	55
4.6	Handy-Apps/Push-TANs	57
4.7	sm@rt-TAN, chip-TAN, optic-TAN	58
4.8	photoTAN	59
4.9	qrTAN (Quick-Response-Code-TAN)	60
4.10	NFC-TAN	61
5.	Weitere Manipulationsmöglichkeiten	62
5.1	Man-in-the-middle-Attacke, Man-in-the-browser-Attacke	62
5.2	ARP-Spoofing	63
5.3	DNS-Spoofing, Pharming	63
6.	Strafrechtliche Relevanz	64
7.	Zivilrechtliche Relevanz	67

	8.	Checkliste für die Ermittlungspraxis	68
	9.	Präventionsmaßnahmen	68

VI. Skimming 72
    1.   Phänomenbeschreibung 72
    2.   Straftaten, die ebenfalls in Zusammenhang mit einem Geldautomaten stehen 75
    2.1   Jackpotting 75
    2.2   Cash Trapping 76
    2.3   Loop-Trick 76
    3.   Strafrechtliche Relevanz 76
    4.   Zivilrechtliche Relevanz 82
    5.   Checkliste für die Ermittlungspraxis 83
    6.   Präventionsmaßnahmen 84

VII. Ransomware (Online-Erpressungen) 87
    1.   Phänomenbeschreibung 87
    2.   Die Infizierung und Möglichkeiten zur Hilfe 88
    2.1   Drive-by-Download 88
    2.2   .zip-Trojaner 89
    2.3   Weitere Hilfen bei einem Befall 92
    2.4   Die aktuellen Verschlüsselungsprogramme 93
    2.5   „Sonderfall" Sexpressung 94
    3.   Strafrechtliche Relevanz 96
    4.   Zivilrechtliche Relevanz 97
    5.   Checkliste für die Ermittlungspraxis 98
    6.   Präventionsmaßnahmen 99

VIII. Telefonanlagen- und Router-Hacking 103
    1.   Phänomenbeschreibung 103
    2.   Möglichkeiten der Bereicherung 104
    2.1   Kostenersparnis 104
    2.2   Mehrwertdienste 105
    2.3   Bereicherung durch Transit- und Terminierungsentgelte 105

	2.3.1 Der betrügerische Provider kassiert doppelt	106
	2.3.2 Cold Stop	106
	3. Strafrechtliche Relevanz	107
	4. Zivilrechtliche Relevanz	107
	5. Checkliste für die Ermittlungspraxis	108
	6. Präventionsmaßnahmen	108
IX.	**Finanzagent, Warenagent**	**110**
	1. Phänomenbeschreibung	110
	2. Strafrechtliche Relevanz	112
	3. Zivilrechtliche Relevanz	114
	4. Checkliste für die Ermittlungspraxis	114
	5. Präventionsmaßnahmen	115
X.	**Urheberrecht**	**116**
	1. Phänomenbeschreibung	116
	1.1 Kopieren von Texten, Bildern, Musik-, Filmdateien oder Computerprogrammen	117
	1.2 Tauschbörsen für Musikstücke, Filme oder Computerdateien, filesharing	118
	1.3 Streaming	119
	2. Strafrechtliche Relevanz	121
	3. Zivilrechtliche Relevanz	122
	4. Checkliste für die Ermittlungspraxis	124
	5. Präventionsmaßnahmen	126
XI.	**Kinderpornographie**	**127**
	1. Phänomenbeschreibung	127
	2. Strafrechtliche Relevanz	131
	3. Zivilrechtliche Relevanz	134
	4. Checkliste für die Ermittlungspraxis	136
	5. Präventionsmaßnahmen	137

XII. Cybermobbing, Cyber-Bullying 139
1. Phänomenbeschreibung 139
2. Strafrechtliche Relevanz 146
3. Zivilrechtliche Relevanz...................... 147
4. Checkliste für die Ermittlungspraxis 148
5. Präventionsmaßnahmen 150

XIII. Passwortsicherheit 154
1. Beschreibung 154
2. Hintergrundwissen 157
3. MD5-Hash 159
4. Salt 162

XIV. Computerforensik 163
1. Die Rolle der Forensik 163
2. Postmortale vs. Live-Forensik 163
3. Sicherstellung............................... 167
4. Mobile Forensik 168

XV. Organisationen und Gremien der IT-Sicherheit 170
1. Europäische Union 170
1.1 Agentur der Europäischen Union für Cybersicherheit – ENISA 170
1.2 Task Force Computer Security Incident Response Teams – TF-CSIRT....................... 170
1.3 Trusted Introducer für CERTs in Europa – TI 171
2. Deutschland – Bund und Länder 171
2.1 Bundesamt für Sicherheit in der Informationstechnik – BSI 171
2.2 Bundesamt für Verfassungsschutz – BfV – und Landesämter für Verfassungsschutz – LfV 171
2.3 Bundesbeauftragter für den Datenschutz und die Informationsfreiheit – BfDI..................... 172
2.4 Landeskriminalämter – LKÄ 172

2.5	Bundesministerium für Justiz und Verbraucherschutz – BMJV	173
2.6	Bundesnachrichtendienst – BND	173
2.7	Bürger-CERT	173
2.8	Cyber-Abwehrzentrum (früher Nationales Cyber-Abwehrzentrum – NCAZ)	173
2.9	Nationaler Cyber-Sicherheitsrat – NCS	174
2.10	Datenzentralen der Länder	174
2.11	Gemeinsames Internetzentrum – GIZ	174
2.12	IT-Sicherheit in der Wirtschaft	174
2.13	Netzwerk Elektronischer Geschäftsverkehr – NEG	175
2.14	Zentrale Stelle für Informationstechnik im Sicherheitsbereich – ZITiS	175
3.	Organisationen der Wirtschaft	175
3.1	Allianz für Sicherheit in der Wirtschaft e. V.	175
3.2	Deutschland sicher im Netz e.V. – DsiN e.V.	176
3.3	Nationale Initiative für Information- und Internet-Sicherheit e.V. – NIFIS e.V.	176
3.4	Verband der deutschen Internetwirtschaft e.V. – eco e.V.	176

Sachverzeichnis 177

Literaturverzeichnis

Beck, K. Ethik der Online-Kommunikation, in: Schweiger/Beck (Hrsg.): Handbuch Online-Kommunikation, 2010

Borges, G. u. a. Identitätsdiebstahl und Identitätsmissbrauch im Internet – Rechtliche und technische Aspekte, 2011

Fox, D. Phishing, in: Datenschutz und Datensicherheit – Recht und Sicherheit in der Informationsverarbeitung und Kommunikation, Ausgabe 6/2005

Ders. Social Engineering, in: Datenschutz und Datensicherheit – Recht und Sicherheit in der Informationsverarbeitung und Kommunikation, Ausgabe 5/2013

Freiberger, H. Die SMS-Masche – Betrugsserie beim Onlinebanking schockiert Kunden, in: Süddeutsche Zeitung, Nr. 246, 69. Jahrgang vom 24.10.2013

Hilgendorf E./Valerius B. Computer- und Internetstrafrecht – Ein Grundriss, 2012

Leymann, H. Mobbing – Psychoterror am Arbeitsplatz und wie man sich dagegen wehren kann, 1993

Mei, Y. Anti-phishing system. Detecting phishing e-mail, Reports from MSI, School of Mathematics and Systems Engineering, 2008

Mitnick, K./Simon, W. Die Kunst der Täuschung – Risikofaktor Mensch, 2011

Olweus, D. Gewalt in der Schule. Was Lehrer und Eltern wissen sollten – und tun können, 2006

Pohlmann, N. Cyber-Sicherheit – Das Lehrbuch für Konzepte, Prinzipien, Mechanismen, Architekturen und Eigenschaften von Cyber-Sicherheitssystemen in der Digitalisierung, 2019

Leest, U./Schneider, C. Cyberlife II – Spannungsfeld zwischen Faszination und Gefahr, Cybermobbing bei Schülerinnen und Schülern. Zweite empirische Bestandsaufnahme bei Eltern, Lehrkräften und Schülern/innen in Deutschland, 2017

Schneider, D. Phishing, Pharming und Identitätsdiebstahl – von Postbank bis Paypal. Informationstechnische Grundlagen und strafrechtliche Beurteilung der Internetkriminalität, 2006 (Seminararbeit)

Schulz, S./Wolfenstetter, K-D. Web Identitäten – Begriffsbestimmungen und Einführung in das Thema, 2005

Literaturverzeichnis

Onlinemedien
Alle Onlinemedien wurden letztmalig aufgerufen am 22.4.2020.

BITKOM, Berlin, Beim Onlinebanking sind nur noch die Senioren zurückhaltend https://www.bitkom.org/Presse/Presseinformation/Beim-Online-Banking-sind-nur-noch-Senioren-zurueckhaltend

BITKOM, Berlin, Zwei Drittel nutzen eine App fürs Mobile-Banking" https://www.bitkom.org/Presse/Presseinformation/Zwei-Drittel-nutzen-App-fuers-Mobile-Banking.

Bundesamt für Sicherheit in der Informationstechnik (BSI), Leitfaden IT-Forensik, Version 1.0.1, https://www.bsi.bund.de/SharedDocs/Downloads/DE/BSI/Cyber-Sicherheit/Themen/Leitfaden_IT-Forensik.pdf?__blob=publicationFile&v=2Bundesamt für Sicherheit in der Informationstechnik (BSI), Passwörter, https://www.bsi-fuer-buerger.de/BSIFB/DE/Empfehlungen/Passwoerter/passwoerter_node.htmlBundesamt für Sicherheit in der Informationstechnik (BSI), Passwortdiebstahl durch Phishing, https://www.bsi-fuer-buerger.de/BSIFB/DE/Risiken/SpamPhishingCo/Phishing/phishing_node.html

Bundesamt für Sicherheit in der Informationstechnik (BSI), Presse unter https://www.bsi.bund.de/DE/Presse/Pressemitteilungen/Presse2019/Emotet-Warnung_230919.html

Bundesamt für die Sicherheit in der Informationstechnik (BSI), Technical Guideline BSI TR-03119 Requirements for Smart Card Readers Supporting eID and eSign Based on Extended Access Control, https://www.bsi.bund.de/SharedDocs/Downloads/EN/BSI/Publications/TechGuidelines/TR03119/BSI-TR-03119_V1_pdf.pdf?__blob=publicationFile&v=3

Bundesgesetzblatt Jahrgang 2017 Teil I Nr. 61, Bonn, Gesetz zur Angleichung des Urheberrechts an die aktuellen Erfordernisse der Wissensgesellschaft (Urheberrechts-Wissensgesellschafts-Gesetz–UrhWissG), https://www.bgbl.de/xaver/bgbl/start.xav#__bgbl__%2F%2F*%5B%40attr_id%3D%27bgbl117s3346.pdf%27%5D__1584817299763

Bundeskriminalamt Wiesbaden, Handlungsempfehlungen für die Wirtschaft in Fällen von Cybercrime, https://zac-niedersachsen.de/archiv/2019-11-06_Flyer_Cybercrime_2019_Web.pdf

Bundeskriminalamt, Wiesbaden, Cybercrime, https://www.bka.de/DE/UnsereAufgaben/Deliktsbereiche/Cybercrime/cybercrime_node.htmlBundeskriminalamt, Wiesbaden, Polizeiliche Kriminalstatistik (PKS) 2018, https://www.bka.de/DE/AktuelleInformationen/StatistikenLagebilder/PolizeilicheKriminalstatistik/PKS2018/pks2018_node.html

Bundesverband deutscher Banken e. V., Berlin „Dubioses Stellenangebot: Finanzagent" unter https://bankenverband.de/publikationen/broschueren/dubioses-stellenangebot-finanzagent/

Carnegie Mellon University, Pittsburgh, USA, CAPTCHA: Telling Humans and Computers Apart Automatically, www.captcha.net

Duden online, „hosten", https://www.duden.de/rechtschreibung/hostenEMV Corporation, Hopkinton, USA, „A Guide to EMV Chip Technology", Version 2.0, November 2014, https://www.emvco.com/wp-content/uploads/2017/05/A_Guide_to_EMV_Chip_Technology_v2.0_20141120122132753.pdf

Euro Kartensysteme GmbH, Frankfurt „Debitkarten Schadensstatistik 2019" unter https://www.kartensicherheit.de/oeffentlich/aktuelles/alle-artikel/artikel-2020/debitkarten-schadensstatistik-2019.html

Europäische Kommission, RICHTLINIE (EU) 2015/2366 DES EUROPÄISCHEN PARLAMENTS UND DES RATES vom 25. November 2015 über Zahlungsdienste im Binnenmarkt, zur Änderung der Richtlinien 2002/65/EG, 2009/110/EG und 2013/36/EU und der Verordnung (EU) Nr. 1093/2010 sowie zur Aufhebung der Richtlinie 2007/64/EG, https://eur-lex.europa.eu/legal-content/DE/TXT/PDF/?uri=CELEX:32015L2366

Europarat, Additional protocol to the convention on cybercrime, concerning the criminalization of acts of a racist and xenophobic nature committed through computer systems, https://www.coe.int/en/web/conventions/full-list/-/conventions/rms/090000168008160f

bzw.

Europarat, Zusatzprotokoll vom 28.01.2003 zum Übereinkommen über Computerkriminalität betreffend die Kriminalisierung mittels Computersystemen begangener Handlungen rassistischer und fremdenfeindlicher Art, bereinigte Übersetzung, https://www.coe.int/en/web/conventions/full-list/-/conventions/rms/090000168008160f

Europarat, Convention of Cybercrime, https://www.coe.int/en/web/conventions/full-list/-/conventions/rms/0900001680081561bzw.

Europarat, Übereinkommen über Computerkriminalität, bereinigte Übersetzung, https://www.coe.int/en/web/conventions/full-list/-/conventions/rms/090000168008157a

European Association for Secure Transactions Ltd (EAST) Edinburgh, „ATM malware and logical attacks fall in Europe" in „European Payment Terminal Crime Report" vom 9.10.2019 unter https://www.association-secure-transactions.eu/atm-malware-and-logical-attacks-fall-in-europe/Gruhl, J. (2007): Nicht nur Geheimagenten leben gefährlich – sondern auch „Finanzagenten". In: Internet-Zeitschrift für Rechtsinformatik und Informationsrecht, www.jurpc.de/aufsatz/20070020.htm

heise online, Technology Review – Das Magazin für Innovation, „Statistik der Woche: Smartphones in Deutschland", https://www.heise.de/tr/artikel/Statistik-der-Woche-Smartphones-in-Deutschland-4318411.htmlInternet Systems Consortium, Redwood City, USA, Internet Domain Survey Host Count, https://www.isc.org/survey/

IT in der Wirtschaft, Befragung „Cyberangriffe gegen Unternehmen", vorläufiger Forschungsbericht. https://www.cybercrime-forschung.de/

Kochheim, D. (2012): Skimming. Hintergründe und Strafrecht. In: Der Cyberfahnder, http://www.cyberfahnder.de/doc/Kochheim-Skimming-V3.pdf

Manager Magazin, Hamburg, „Datenleck bei Bonusprogramm Priceless Specials – Hacker stehlen Daten von 90.000 Mastercard-Kunden", https://www.manager-magazin.de/unternehmen/banken/mastercard-priceless-specials-bonusprogramm-gehackt-a-1282691.html

Medienpädagogischer Forschungsverbund Südwest, Stuttgart, JIM-Studie 2019 – Jugend, Information, Medien, https://www.mpfs.de/fileadmin/files/Studien/JIM/2019/JIM_2019.pdfPichel, A. (2013): The Ghost in the (Portable) Machine: Securing Mobile Banking, http://blog.trendmicro.com/trendlabs-security-intelligence/the-ghost-in-the-portable-machine-securing-mobile-banking

Schröder, H. (2011): Zusammenhang von Brute-Force-Attacken und Passwortlänge, http://www.1pw.de/brute-force.html

Schulportal Thüringen, Gesamtvertrag Vervielfältigungen an Schulen vom 20. Dezember 2018, https://www.schulportal-thueringen.de/get-data/1c1e74ec-1afe-4a47-aec1-ff37341e20f6/Gesamtvertrag_Vervielfaeltigungen-an-Schulen_2018-12-20.pdf

Statista GmbH, Hamburg, Anteil der Nutzer von Online-Banking in Deutschland seit 1998, http://de.statista.com/statistik/daten/studie/3942/umfrage/anteil-der-nutzer-von-online-banking-in-deutschland-seit-1998

Statista GmbH, Hamburg, Anzahl der Smartphone-Nutzer in Deutschland seit 2010, http://de.statista.com/statistik/daten/studie/198959/umfrage/anzahl-der-smartphonenutzer-in-deutschland-seit-2010/

Süddeutsche Zeitung Digital, München, n-TAN-Betrug im Online-Banking – Die Masche mit Lolita, http://www.sueddeutsche.de/digital/mtan-betrug-im-online-banking-die-masche-mit-lolita-1.1806264

UN, New York/Wien, 10. Kongress „Prevention of Crime and the Treatment of Offenders", https://www.unodc.org/documents/congress//Previous_Congresses/10th_Congress_2000/017_ACONF.187.10_Crimes_Related_to_Computer_Networks.pdf

Universität des Saarlandes, Saarbrücken, Internet-Zeitschrift für Rechtsinformatik und Informationsrecht, www.jurpc.de/rechtspr/20060091.pdf

Universität Tübingen, NFC-TAN, www.nfc-tan.com

Verizon Communications, New-York, USA; 2019 Data Breach Investigations Report, https://enterprise.verizon.com/resources/reports/2019-data-breach-investigations-report.pdf

Wikipedia – Die freie Enzyklopädie, Captcha, http://de.wikipedia.org/wiki/Captcha

Wikipedia – Die freie Enzyklopädie, Intrusion Detection System, http://de.wikipedia.org/wiki/Intrusion_Detection_System

Zeit Online, Hamburg, Hacker haben 38 Millionen Kundendaten erbeutet, http://www.zeit.de/digital/datenschutz/2013-10/adobe-hacker-kundendaten

Abbildungsverzeichnis

Abbildung 1	Anzahl der Host im Internet. Quelle: Internet Systems Consortium	2
Abbildung 2	Beispiel einer E-Mail, die als Mahnung versandt wurde. Als Anhang enthält sie einen.zip-Trojaner mit einem Schadprogramm	29
Abbildung 3	zeigt aus dem E-Mailprogramm „Outlook" die Darstellung eines E-Mailheaders, bei „Outlook" bezeichnet als Internetkopfzeile	33
Abbildung 4	zeigt die IP Lokalisierung der IP-Adresse 84.147.58.85 mit dem Dienst von www.utrace.de	35
Abbildung 5	zeigt eine Täter-E-Mail. Folgt der Geschädigte dem Link http://ssl-paypal-aktualisierung.com wird er zur „Verifizierung" seiner persönlichen Daten aufgefordert	37
Abbildung 6	zeigt die Eingabemaske. Hier glaubt der Geschädigte, seine Daten zur Verifizierung eintragen zu müssen. In Wirklichkeit werden die eingetragenen Daten nicht an PayPal, sondern an den Täter weiter geleitet – sog. Dropzone	38
Abbildung 7	Quelle http://www.heise.de/security	55
Abbildung 8	zeigt die Darstellung eines QR-Code	60
Abbildung 9	Nach Anklicken des grünen SSL-Schlosses werden Details des verwendeten Zertifikats sichtbar	70
Abbildung 10	Nach der Anwahl von „Weitere Informationen" (vgl. Bild 9) erhält man weitere Details zum Zertifikat	71
Abbildung 11	Diese Scareware meldet zahlreiche Viren, die angeblich auf dem Rechner festgestellt worden sind	88
Abbildung 12	zeigt eine vorgebliche Rechnung der Fa. „Vodafone". Hinter dem Link, der angeblich zur PDF der Rechnung führt, verbirgt sich jedoch ein Schadcode, der nach Anklicken eine Malware auf dem Rechner installiert	90
Abbildung 13	zeigt eine Variante des sog. „BKA-Trojaners".	91
Abbildung 14	zeigt eine angebliche Mail von „Amazon". Alle dort aufgeführten Links führen nicht zu Amazon, sondern zu einer manipulierten Webseite (http://www.adnatura.hr/file/…), wo nach dem Aufruf gefährliche Malware heruntergeladen wird	102
Abbildung 15	zeigt die Anzahl der Fälle und die Art und Weise des Cybermobbings bei den befragten Schülern auf. Quelle: *Leest, U., Schneider, C.*	141
Abbildung 16	Täter von Cybermobbing und ihre genutzten Medien. Quelle: Schneider, C. et al.	145

Abbildungsverzeichnis

Abbildung 17	zeigt einen Ausschnitt des Programms „Wireshark", einem kostenlosen Tool zum Mitlesen des Netzwerkverkehrs	158
Abbildung 18	zeigt den Eintrag einer SQL-Datenbank. Hier ist neben dem Benutzernamen und der E-Mailadresse auch das (verschlüsselte) Kennwort enthalten	161
Abbildung 19	zeigt das Ergebnis einer Google-Suche nach der Eingabe eines Hashwertes	161
Abbildung 20	zeigt einen Schreibblocker der Firma „Wiebetech" im Einsatz	166
Abbildung 21	zeigt das empfohlene Vorgehen bei der Sicherstellung	168

I. Einleitung

Ursprünglich ins Leben gerufen wurde das Internet von den USA im militärischen Bereich. Während des „Kalten Krieges" sollte der tatsächliche oder vermeintliche Technologievorsprung vor der damaligen Sowjetunion ausgebaut bzw. zumindest gehalten werden. Nach der Spaltung des Netzes in ein militärisches und ein öffentliches erkannten sowohl die Wirtschaft als auch später der private Nutzer die vielfältigen und faszinierenden Möglichkeiten des World-Wide-Webs. Allerdings war die Anwendung noch beschränkt auf den passiven Konsum der angebotenen Inhalte.

Einen Schub erfährt das Medium in der Mitte der 2000er Jahre mit der Implementierung des so genannten **Web 2.0** („Mitmach-Web" oder „User generated content"). Der User erhält die Möglichkeit, eigene Inhalte zu gestalten. So erfährt das Netz eine attraktive Ausweitung für aktive Anwendungen:

- Informationsplattformen zum Wissenserwerb bzw. -transfer,
- Marktplatz für den privaten respektive unternehmerischen Verkauf und Kauf bzw. das Versteigern und Ersteigern von Waren,
- Plattformen für Dienstleistungen aller Art, wie beispielsweise Onlinebanking, Preisvergleichsportale, Onlineberatungen zu verschiedensten Themen,
- Angebote von Musik, Filmen, Videos, Spielen oder Software auf Unterhaltungs- und Medienplattformen,
- Kommunikation, zum Beispiel Wiki, Podcasts, Blogs, oder soziale Netzwerke wie Facebook, Snapchat, Pinterest, Twitter, XING, LinkedIn.

Allerdings ist das Netz nicht nur für den so genannten Privatanwender interessant. Auch Wirtschaft und Industrie profitieren von der Fortentwicklung des weltweiten Netzes.

I Einleitung

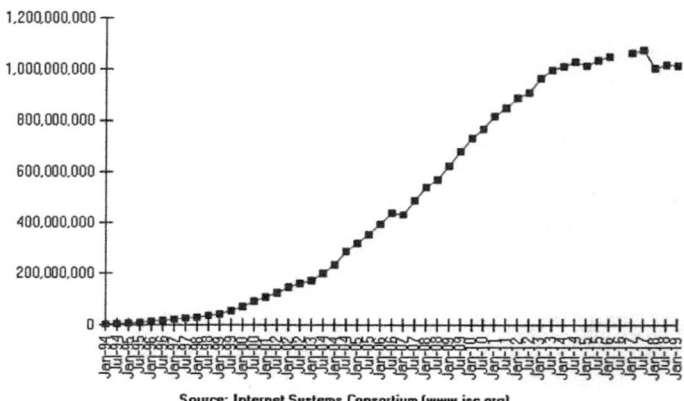

Abbildung 1: Anzahl der Hosts im Internet. Quelle: Internet Systems Consortium

Als „Vierte Revolution" bezeichnet *Martina Koederitz*, zum Erscheinungszeitpunkt des Artikels Vorsitzende der Geschäftsführung bei IBM, in einem Beitrag in der SZ[1] die Verschmelzung des Internets mit den klassischen Domänen der Industrie. Der Artikel gilt als Beleg dafür, dass das Medium Internet neben der rein privaten Nutzung (Kommunikation, Unterhaltung, Medien) sowie der Anwendungen zwischen Privaten und Anbietern von Dienstleistungen (Banking, Einkauf und Versteigerungen im Netz) immer mehr wirtschaftliche bzw. industrielle Bereiche durchdringt. In diese Richtung deuten auch Begriffe wie Industrie 4.0, Internet der Dinge (IoT), Integrated Industry oder Smart Faktory. Versprochen werden in diesem Zusammenhang eine schnellere Kommunikation, optimierte Prozesse, Vereinfachung und Effizienz.

Zu privaten und auch wirtschaftlichen Zwecken werden eine Vielzahl unterschiedlicher Daten gespeichert. Die Inhalte reichen von persönlichen Angaben (personenbezogenen Daten, Posts, Bildern, Videos

---

[1] SZ vom 17.7.2013, 69. Jahrgang, Nr. 163, S. 2.

zur eigenen Person oder über Fremde usw.) über Bank- und Kreditkarteninformationen (Zugangscodes zum Onlinebanking, Kartennummern, Kontostände, Passwörter für Handelsplattformen usw.) bis hin zu Daten aus Industrie und Wirtschaft (Personaldaten, Kontaktdaten von Kunden und Geschäftspartnern, automatisierte Produktionsabläufe, Konstruktionspläne usw.).

Mit der Verbreitung des Medium Internet und der stetig steigenden Datenmenge nimmt auch das Interesse von Kriminellen an den dort gespeicherten Daten zu. In einer Befragung von 5000 Unternehmen unterschiedlicher Größe und Branchen in Deutschland zur Betroffenheit von Cyberangriffen gaben 41 % der Teilnehmer an, in den vergangenen 12 Monaten Ziel eines Angriffs gewesen zu sein, auf den reagiert werden musste. 65 % gaben an, schon jemals betroffen gewesen zu sein.[2]

Angriffe auf Computeranlagen finden auf unterschiedlichste Weise statt. Identitäten werden gestohlen und zum Nachteil des Opfers wieder neu eingesetzt, Personen werden aufgrund ihrer Internetpräsenz beleidigt und diffamiert, Musik und Filme werden ohne Nutzungsrechte kopiert, angeboten, getauscht oder verkauft. Bankdaten werden abgefischt und Konten unter Verwendung dieser Daten leergeräumt. Die Konkurrenz sowie in- und ausländische Spione respektive Geheimdienste bemächtigen sich der Produktionsdaten, Hacker schaden mit der öffentlichen Aufdeckung von Sicherheitslücken dem Unternehmen und vermeintlich ungerecht behandelte Arbeitnehmer kopieren Daten von Produktionsabläufen und Kundendateien, um sie meistbietend abzusetzen. Diese Vorgehensweisen lassen sich allesamt unter dem Begriff „Internetkriminalität" subsumieren.

1. Definition Internetkriminalität

Eine einheitliche Definition des Phänomens „Internetkriminalität" gibt es nicht. Je nachdem, wer eine Auslegung der Kriminalität im, mit dem, durch das und auf das Medium Internet formuliert, gewichtet inhaltlich unterschiedlich.

---

[2] IT in der Wirtschaft, Befragung://www.cybercrime-forschung.de/ (zuletzt aufgerufen 22.4.2020).

I Einleitung

Das Bundeskriminalamt definiert Internetkriminalität als „... die Straftaten, die sich gegen das Internet, Datennetze, informationstechnische Systeme oder deren Daten richten (Cybercrime im engeren Sinne) oder die mittels dieser Informationstechnik begangen werden"[3].

Bezug genommen wird in der Festlegung auf die Computerkriminalität im engeren (CCieS) und weiteren Sinn (CCiwS)[4].

> Bei **Computerkriminalität im engeren Sinn** handelt es sich um Delikte, bei denen in den Tatbestandsmerkmalen der jeweiligen Norm (Straftat oder auch Ordnungswidrigkeit) Elemente der elektronischen Datenverarbeitung explizit genannt sind. Darunter fallen beispielsweise der Computerbetrug (§ 263a StGB), das Ausspähen und Abfangen von Daten (§§ 202a, 202b, 202c StGB), die Datenveränderung sowie die Datensabotage (§§ 303a und 303b StGB), Fälschung beweiserheblicher Daten (§ 269 StGB) oder die Störung öffentlicher Betriebe (§ 316b StGB). Daneben befassen sich weitere Gesetze mit diesen Deliktarten. So zum Beispiel das Urheberrechtsgesetz (UrhG), das Bundesdatenschutzgesetz (BDSG), das Telekommunikationsgesetz (TKG), das Gesetz gegen den unlauteren Wettbewerb (UWG) oder das Gesetz über den Schutz von Marken und sonstigen Kennzeichen (MarkenG).
>
> Unter **Computerkriminalität im weiteren Sinn** zählen Straftaten, zu deren Durchführung einer ihrer Phasen ein elektronisches Datenverarbeitungssystem unter Einbezug von Informations- und Kommunikationstechnik genutzt wird. Dazu gerechnet werden zum Beispiel der Warenkreditbetrug, Propagandastraftaten aus extremistischen Kreisen, Gewaltverherrlichung, das Verbreiten von Kinderpornografie oder Beleidigungstatbestände. Mit der weltweiten Zunahme der Internetnutzung wird die Verbreitung strafbarer Inhalte dieser Kategorie vereinfacht.

Aus der Definition lassen sich insofern Tathandlungen ableiten,
- zu deren Begehung das Internet und vorhandene gespeicherte Daten genutzt (Phishing, Betrug, Urheberrechtsverletzungen, Kreditkartenmissbrauch oder Propagandastraftaten, Cybermobbing),

---

[3] Vgl. www.bka.de unter Startseite, Unsere Aufgaben, Deliktsbereiche, Internetkriminalität/Cybercrime (zuletzt aufgerufen 22.4.2020).

[4] Die Unterscheidung erfolgte im Jahr 2000 auf dem 10. Kongress der UN zum Thema „Prevention of Crime and the Treatment of Offenders" und wird seither international mit leichten Abwandlungen genutzt; s.u. https://www.unodc.org/documents/congress//Previous_Congresses/10th_Congress_2000/017_ACONF.187.10_Crimes_Related_to_Computer_Networks.pdf (zuletzt aufgerufen 22.4.2020).

- neue Daten generiert und veröffentlicht (Verbreitung von (Kinder-)Pornographie, Verbreitung terroristischer Ideologien, Gewaltdarstellungen, Aufstachelung zum Rassenhass) oder
- Angriffe auf das Medium Internet selbst durchgeführt werden (Verbreitung von Viren, Würmer und Trojanern, Eindringen in PC-Anlagen zur Datenänderung, Datenlöschung oder zum Datendiebstahl, „Denial of Service"-Attacken).

Neben der Reaktion des Gesetzgebers auf die Weiterentwicklung der Technik sowie der Wendigkeit und dem Einfallsreichtum von Internetkriminellen kommt er auch den Vorgaben der Europäischen Union nach. Am 1.7.2009 trat die von Deutschland zuvor ratifizierte „Cybercrime Convention"[5] des Europarates in Kraft. Allerdings werden in dieser Konvention keine Straftatbestände festgelegt, sondern Kategorien gebildet, denen jeder Mitgliedstaat seine strafbewehrten Handlungen zuordnen kann oder in Ermangelung entsprechender Tatbestände verpflichtet ist, neue Gesetze zu erlassen.

In der Convention on Cybercrime sowie dem Zusatzprotokoll vom 28.1.2003 zum Übereinkommen über Computerkriminalität betreffend die Kriminalisierung mittels Computersystemen begangener Handlungen rassistischer und fremdenfeindlicher Art[6] sind folgende Kategorien aufgeführt:

- Straftaten gegen die Vertraulichkeit, Unversehrtheit und Verfügbarkeit von Computerdaten und -systemen,
- Computerbezogene Straftaten,
- inhaltsbezogene Straftaten,

---

5 Vgl. Council of Europe, „Convention on Cybercrime", v. 23.11.2001, https://www.coe.int/en/web/conventions/full-list/-/conventions/rms/0900001680081561 (zuletzt aufgerufen 22.4.2020) bzw. siehe auch Europarat, „Übereinkommen über Computerkriminalität" vom 23.11.2001, bereinigte Übersetzung, https://www.coe.int/en/web/conventions/full-list/-/conventions/rms/090000168008157a (zuletzt aufgerufen 22.4.2020).

6 Vgl. Council of Europe „Additional protocol to the convention on cybercrime, concerning the criminalization of acts of a racist and xenophobic nature committed through computer systems", v. 28.1.2003, https://www.coe.int/en/web/conventions/full-list/-/conventions/rms/090000168008160f (zuletzt aufgerufen 22.4.2020) bzw. siehe auch Europarat, Zusatzprotokoll v. 28.1.2003 zum Übereinkommen über Computerkriminalität betreffend die Kriminalisierung mittels Computersystemen begangener Handlungen rassistischer und fremdenfeindlicher Art, bereinigte Übersetzung, https://www.coe.int/en/web/conventions/full-list/-/conventions/rms/090000168008160f (zuletzt aufgerufen 22.4.2020).

- Straftaten in Zusammenhang mit Verletzungen des Urheberrechts und verwandter Schutzrechte,
- rassistische und fremdenfeindliche Handlungen.

2. Computerkriminalität in der PKS

Seit 2009 werden Delikte, die unter die Definition Computerkriminalität fallen, von der Polizei in der Polizeilichen Kriminalstatistik (PKS) mit dem Schlagwort „Internet" erfasst und wie folgt dargestellt:

- Schlüsselzahl 516300: Betrug mittels rechtswidrig erlangter Debitkarten mit PIN § 263a StGB,
- Schlüsselzahl 517500: Computerbetrug § 263a StGB (soweit nicht unter den Schlüssel 5163 bzw. 5179 zu erfassen),
- Schlüsselzahl 517900: Betrug mit Zugangsberechtigungen zu Kommunikationsdiensten §§ 263, 263a StGB,
- Schlüsselzahl 543000: Fälschung beweiserheblicher Daten, Täuschung im Rechtsverkehr bei Datenverarbeitung §§ 269, 270 StGB,
- Schlüsselzahl 674200: Datenveränderung, Computersabotage §§ 303a, 303b StGB,
- Schlüsselzahl 678000: Ausspähen, Abfangen von Daten einschl. Vorbereitungshandlungen gemäß §§ 202a, 202b, 202c StGB,
- Schlüsselzahl 715100: Softwarepiraterie (private Anwendung z. B. Computerspiele),
- Schlüsselzahl 715200: Softwarepiraterie in Form gewerbsmäßigen Handelns.

Mit dem bundeseinheitlichen vierstelligen Schlüssel[7] werden alle zur Anzeige gebrachten Straftaten (Hellfeld) registriert und können entsprechend ausgewertet werden. Demnach registrierte das Bundeskriminalamt für das Jahr 2018 bundesweit insgesamt 110.475[8] Delikte, bei denen als Tatmittel das Internet genutzt wurde. Das macht zum

---

[7] Die einzelnen Bundesländer können die jeweiligen Delikte breiter mit zwei zusätzlichen Ziffern erfassen.
[8] Quelle: BKA. Polizeiliche Kriminalstatistik (PKS) 2018; s. u. https://www.bka.de/DE/AktuelleInformationen/StatistikenLagebilder/PolizeilicheKriminalstatistik/PKS2018/pks2018_node.html (zuletzt aufgerufen 22.4.2020).

Vorjahr (2017) eine Steigerung um 1,8 % aus. Diese Zahlen speisen sich aus den Meldungen der Länder. Auch hier nahmen die Delikte zu. Folgende beispielhafte Aufzählung für das Erfassungsjahr 2018 verdeutlicht dies:

Hamburg:	ca. 7.384
Mecklenburg-Vorpommern:	ca. 1.733
Sachsen-Anhalt:	ca. 3.942
Niedersachsen:	ca. 33.925
Nordrhein-Westfalen:	ca. 19.693
Baden-Württemberg:	ca. 27.746
Bayern:	ca. 26.437

In einigen Bundesländern gingen die Straftaten mit Bezug zum Internet zurück. Das bedeutet jedoch nicht, dass dieses Deliktfeld zu vernachlässigen wäre. Die rückläufigen Zahlen können auch an der Tatsache liegen, dass Straftaten nicht zur Anzeige gebracht werden, da u. a. die Täter oftmals Innentäter sind und somit firmeninterne Regelungen bevorzugt werden, die Angriffe abgewehrt wurden oder erfolglos waren, keine Schäden bemerkt wurden oder nicht messbar waren, die Sensibilisierung zum Thema auf Leitungsebene fehlte oder zu schwach ausgeprägt war oder die Sorge vor Imageschäden durch befürchtete Presseveröffentlichungen vorhanden war oder vorhandene Zweifel am Erfolg der Ermittlungen.[9] Als weiteren Faktor der Verzerrung ist die bundesweite Regelung zur Erfassung der Delikte. Alle Straftaten, bei denen der Tatort nicht eindeutig im Inland liegt, werden nicht gezählt.

---

9 Vgl. BKA „Handlungsempfehlungen für Wirtschaft in Fällen von Cybercrime" unter https://zac-niedersachsen.de/archiv/2019-11-06_Flyer_Cybercrime_2019_Web.pdf (zuletzt aufgerufen 22.4.2020).

II. Identitätsdiebstahl

1. Phänomenbeschreibung

Die Identität umfasst alle Attribute, die einem Menschen zweifelsfrei zuzuordnen sind und deshalb geeignet sind, immer wieder auf eine Person hinzuführen, diese unverwechselbar zu machen. Der Leitfaden der *BITKOM* zu Webidentitäten[10] definiert die **Identität** als „eine in ihrem Verwendungskontext eindeutige, wiedererkennbare Beschreibung einer natürlichen oder juristischen Person oder eines Objektes, die sich aus Attributen und einem Identitätsbezeichner zusammensetzt". Dabei kann es sich beispielsweise um Name, Geburtsdatum, Adresse, Konto- oder Kreditkartennummern, Steuer- oder Sozialversicherungsnummern oder um biometrische Daten, Bilder sowie Handschriften handeln. Mit diesen Merkmalen ist eine natürliche oder juristische Person eindeutig bestimmbar. Gleichzeitig grenzt sie sich damit von anderen ab.

Die Identität kann jedoch nicht nur in der analogen Welt eingesetzt werden, sondern auch in der digitalen. Hierfür kann sich der Nutzer auch mehrere Identitäten generieren und sich damit im Netz bewegen. Ausreichend hierfür sind ein Benutzername und ein Passwort. Über die Registrierung einer natürlichen oder juristischen Person beispielsweise in einem Webshop oder einer Bank, für die Benutzername und Passwort erfasst sind, ist auch hier eine individuelle Zuordnung möglich. Die Nutzung dieser digitalen Identität reicht dabei vom Einsatz entsprechend des menschlichen Lebens (Banking, Einkaufen/Verkaufen) bis hin zum Aufbau einer Parallelwelt, in der nicht nur Onlinerollenspiele gespielt werden, sondern tatsächlich darin gelebt wird. Beiden gemein ist die Identifizierungsmöglichkeit über die Zuordnung eines Datensatzes zu einer natürlichen oder juristischen Person.

Der Begriff **Identitätsdiebstahl** wird uneinheitlich ausgelegt. Dem Wortsinn nach ist Diebstahl die Wegnahme einer (fremden beweglichen) Sache, der Identitätsdiebstahl demnach das Aneignen der oben

---

10 Vgl. *Schulz/Wolfenstetter* 2005, S. 6.

beschriebenen persönlichen Merkmale, die den Schluss auf nur eine Person zulassen. In der Literatur wird aber die Wegnahme immer wieder mit dem Einsatz der gestohlenen Daten vermengt. *D. Schneider* versteht in seiner Seminararbeit unter Identitätsdiebstahl „die missbräuchliche Nutzung personenbezogener Daten durch Dritte".[11] *G. Borges* u. a. hingegen sehen den „Identitätsdiebstahl" als Vorgang zur Erlangung der Daten. Kommen die illegal erlangten Daten zum Einsatz, wird das von den Autoren als „Identitätsmissbrauch" bezeichnet.[12] So steht der Begriff „Identitätsdiebstahl" als Oberbegriff für unterschiedliche Begehungsformen. Der **„Identitätsmissbrauch"** bezeichnet den unbefugten Einsatz der erlangten Daten. Für die polizeiliche Praxis macht es Sinn, die beiden Vorgänge ebenfalls zu trennen. Bestimmte Formen des Identitätsdiebstahls sind nicht strafbewehrt. Werden Identitäten erlangt, ist es von Bedeutung, wie sie erlangt wurden, um einen eindeutigen Schuldvorwurf erheben zu können. Dasselbe gilt für den Einsatz der Daten: Wie und wo wurden sie eingesetzt, was wurde damit erreicht und liegt ggf. ein neuer Tatentschluss für den Einsatz vor?

Die Motivation, die Identität einer anderen Person anzunehmen, ist vielschichtig. Hauptzielrichtungen sind die Schädigung des Vermögens des Opfers und die Diskreditierung der Person, deren Identität verwendet wird. So können auf den Namen eines anderen Waren im Onlinehandel bestellt oder bei Onlineauktionen ersteigert werden. Während die Rechnung an den Geschädigten geht, wird die Warensendung vom Täter entweder in einer Paketstation abgeholt, die zuvor mit den gestohlenen Personalien angemietet wurde. Oder sie wird an einen (gutgläubigen) Warenagenten gesandt, der sie entgegennimmt, umpackt und neu versendet.

Möglich ist auch die Einrichtung eines Fake-Accounts. Über diesen können dann quasi im Namen des Opfers beispielsweise Beleidigungen, sexuelle Anspielungen oder Unwahrheiten – auch unterstellte strafrechtliche Begebenheiten – über dritte Personen verbreitet werden. Nicht unüblich ist neben der Einrichtung eines E-Mail-Accounts mit entwendeten Namen der gleichzeitige Diebstahl des elektronischen Adressbuches derselben Person. Im Anschluss wird über Mail an

---

11 *Schneider* 2006, S. 3.
12 *Borges u. a.* 2011, S. 9 u. 11.

alle im Adressbuch verzeichneten ein Hilfeaufruf versandt. Inhalt der Nachricht kann beispielsweise der Diebstahl des Reisegepäcks zusammen mit Pass und Bargeld am Urlaubsort sein. Deshalb werden „die lieben Freunde" gebeten, über ein elektronisches Zahlungsmittelsystem (z. B. Ukash) einen bestimmten Betrag anzuweisen, um die ersten Tage bis zur Ausstellung neuer Dokumente zu überbrücken.

Auch gebräuchlich ist die Einrichtung eines falschen Profils in sozialen Netzwerken. Hierüber läuft dann die vertrauliche Kommunikation unter dem Namen des Opfers. Zielrichtung ist die Erlangung von neuen Informationen über potentielle weitere Opfer oder auch die Diskreditierung des Geschädigten bei seinen Netzwerkfreunden. Erschwerend kommt insbesondere auch bei diesem Täterverhalten hinzu, dass gepostete Texte und Bilder eine schnelle, unkontrollierbare Verbreitung finden und eine Löschung im Netz so gut wie ausgeschlossen ist.

An die Identität seiner Opfer gelangt der Täter beispielsweise durch „dumpster diving". So kann bei Banken der Papiermüll neben den Kontoauszugsdruckern oder Abfalleimer bei Großhandelsunternehmen durchsucht werden. Regelmäßig finden sie dort Kontoauszüge mit Namen und den entsprechenden Kontodaten. Während ein Blick ins Telefonbuch oder auf die Internetseite eines Telefonauskunftsanbieters oftmals die passende Adresse zum Namen bietet, ist die vollständige Anschrift ggf. mit Kundennummer auf der Kassenabrechnung schon aufgedruckt. Da bei der Registrierung zum Beispiel bei einem Einkaufsportal im Onlineverfahren nur die Bankverbindung auf Schlüssigkeit und Gültigkeit überprüfbar sind, kann sich der Täter ein ggf. bei der Anmeldung notwendiges Geburtsdatum ausdenken.

Eine technische Variante, Identitäten zu entwenden, ist die Verwendung von Malware. Nach deren Installation werden alle auf dem Rechner gespeicherten Benutzerdaten und Kennwörter in automatisierter Form an die Täterschaft weitergeleitet. Hierzu werden auf dem „Dark Market" im Internet Toolkits angeboten. In diesen müssen je nach Zielrichtung nur noch Häkchen in vorbereitete Kästchen gesetzt werden, um ein individuelles Schadprogramm zu generieren. Die auf diesem Wege erhaltenen Daten können umgehend bei denselben Firmen eingesetzt werden, auf der auch der Geschädigte angemeldet ist.

Aber nicht nur beim Betroffenen selbst können Daten abgegriffen werden, sondern auch bei Unternehmen, welche die Daten ihrer Kunden gespeichert haben. Die Datendiebe nutzen bei diesen Firmen Schwachstellen im Serversystem aus. Mit Hilfe von Programmen wird die Datenbank des ausgewählten Unternehmens infiziert und die dort hinterlegten Kundendaten, welche das Unternehmen zur Abwicklung des Zahlungsverkehrs benötigt, gestohlen. Neben Kreditkartennummern oder Bankverbindungsdaten sind dies zum Beispiel auch (Rechnungs-)Anschriften. Im August 2019 fand ein solcher Einbruch bei Mastercard statt. Die Summe der entwendeten Kundendaten liegt bei ca. 90.000. Betroffen waren Nutzer des Bonusprogramms „Priceless Specials". Was nach dem Diebstahl mit den Daten noch geschieht bzw. ob und wie sie zum Einsatz kamen, wurde bislang noch nicht publik.[13]

Allerdings ist der Einfluss des Kunden auf die Sicherheit seiner Daten bei dieser Art von Identitätsdiebstahl sehr begrenzt. Zwar kann er sich im Vorfeld über das Unternehmen erkundigen und zumindest beim Bezahlvorgang darauf achten, dass eine verschlüsselte Verbindung genutzt wird. Aber wie das Beispiel von Masterard zeigt, ist der Verbraucher auch bei seriösen Firmen nicht vor Datendieben sicher. *Pohlmann* nennt das größte Einfallstor für Datendiebe die große Anzahl von Schwachstellen in der genutzten Software der Anwender. Die Fehlerquote bei qualitativ hochwertiger Software liegt bei 0,3 pro 1000 Zeilen Code. Gängige Betriebssysteme haben 10 Millionen Codezeilen und somit im Schnitt 3000 Softwarefehler.[14]

Ohne Systemeinbrüche oder den Einsatz von Malware können Informationen auf dem Wege des **„social engineering"** oder **„social hakking"** erlangt werden. *Mitnick* und *Simon* beschreiben es mit „wie man Leute dazu bringt, Dinge für ihnen fremde Personen auszuführen, die sie normalerweise nicht tun würden".[15] Anstatt der Technik wird die „Schwachstelle" Mensch genutzt. Durch gezieltes Nachfragen, beispielsweise durch einen Anruf bei einem Mitarbeiter in einem Unternehmen, dessen System der Täter infiltrieren will, erlangt der

---

13 Siehe www.manager-magazin.de, unter der Rubrik „Unternehmen, Banken, Mastercard: Bonussystem gehackt, 90000 Kundendaten gestohlen" (zuletzt aufgerufen 22.4.2020).
14 *Pohlmann* 2019, S.3.
15 *Mitnick/Simon* 2011, S. 14.

II Identitätsdiebstahl

social engineer Zugangsdaten. Diese verwendet er, um in Computersysteme einzudringen und dort Identitäten zu stehlen.

Was die Täter in Zukunft intensivieren werden, ist der Diebstahl von Kartendaten (Nummer und Gültigkeit der Karte) von Karten mit Bezahlfunktion (z. B. girogo der Sparkassen, Mastercard PayPass oder Visa payWave) sowie Mobiltelefonen bzw. Smartphones mit der so genannten Near-Field-Communication-Technology – NFC. Die NFC besteht aus einer Kombination aus drahtloser Verbindungs- und Identifizierungstechnologie (RFID – Radio Frequency Identification). Berührungslos können Busticket oder im Restaurant mit der Kreditkarte oder dem Smartphone bezahlt werden. Es muss mit dem Medium im Abstand bis maximal fünf Zentimetern über eine Leseeinrichtung gezogen werden. Der in Karte bzw. im Gerät eingebaute Chip kommuniziert mit dem Terminal.

Den bequemen Einsatz von Karte bzw. Telefon nutzt der Täter aus, in dem er versucht, mit einer auf seinem Mobiltelefon gespeicherten Applikation die Daten der Debit- bzw. Kreditkarte auszulesen. Hierzu muss er ebenfalls in einem Abstand von ca. fünf cm an sein Opfer herankommen. Gelingen kann das Auslesen, wenn Geldbörse oder Mobiltelefon beispielsweise in der Gesäßtasche getragen werden oder unbeaufsichtigt abgelegt werden. Zum Bezahlen mit diesen Daten ist zwar immer die Verknüpfung von Kartendaten und Inhabernamen notwendig, trotzdem werden diese Daten bislang von Händlern, die nicht sorgfältig prüfen, akzeptiert.

Schützen kann sich der Anwender vor dieser Art des Identitätsdiebstahles, in dem er die Buchungsfunktion nur einschaltet, wenn er sie aktuell benötigt. Fachleute der Kreditwirtschaft gehen davon aus, dass eine spezielle Hülle für die Karte nicht notwendig ist.

2. Strafrechtliche Relevanz

Einen eigenen Tatbestand des Identitätsdiebstahles gibt es nicht. Das „einfache" Verschaffen von Identitäten, beispielsweise durch das Durchwühlen von Abfalleimern, ist nicht strafbewehrt. Hingegen die Datenschutzgrundverordnung (DSGVO) sowie das Datenschutzgesetz-neu zum Tragen, wenn personenbezogene Daten elektronisch verarbeitet werden.

Bei der DSGVO handelt es sich um EU-Recht (Verordnung (EU) 2016/679), das eine unmittelbare Entfaltung erlangt und keinerlei Umsetzung in nationales Recht bedarf (vgl. Art. 288 Abs. 2 und Abs. 3 Vertrag über die Arbeitsweise der Europäischen Union – AEUV). Beim BDSG-neu handelt es sich um nationales Recht. Damit hat der (deutsche) Gesetzgeber von seinem Recht Gebrauch gemacht, seinen gesetzgeberischen Spielraum in datenschutzrelevanten Bereichen, die nicht in der DSGVO geregelt sind, auszuschöpfen. Allerdings tritt das BDSG-neu dann hinter die DSGVO zurück, wenn dort Sachverhalte bereits geregelt sind.

Relevant sind hierbei sowohl für öffentliche wie auch für nicht öffentliche Stellen (vgl. §§ **1 Abs. 1 S. 2, Abs. 4 S. 2, 2, 22 Abs. 1 BDSG**) die Vorschriften aus §§ **2, 3, 46 i. V. m. §§ 41, 42 BDSG bzw. Art. 4, 5, 6, 7 i. V. m. Art. 83 DSGVO**. Ohne gesetzliche Grundlage bzw. ohne Einwilligung des Betroffenen dürfen elektronisch Daten erhoben bzw. verarbeitet werden (§ **3 BDSG** bzw. **Art. 6 DSGVO** Zulässigkeit der Datenerhebung, -verarbeitung und -nutzung).

Erlangt der Täter die Identitäten mit Hilfe gefälschter Mails oder Internetseiten oder setzt er Schadsoftware ein, sind grundsätzlich dieselben Strafvorschriften wie im Abschnitt „Phishing" einschlägig. Für Vorbereitungshandlungen (das sich Verschaffen oder selbst Programmieren von Schadsoftware, **um** es zum Identitätsdiebstahl einzusetzen) ist § **202c StGB** (Vorbereiten des Ausspähens und Abfangen von Daten) zu prüfen. Ebenfalls in Betracht kann § **303a StGB** (Datenveränderung) kommen.

Werden zur Erlangung der Daten Gegenstände, wie zum Beispiel Festplatten, externe Laufwerke o. ä. entwendet, können auch Delikte nach §§ **242, 246, 253, 263** u. a. **StGB** vorliegen.

3. Zivilrechtliche Relevanz

Neben den genannten Strafvorschriften eröffnet das BGB zivilrechtliche Möglichkeiten gegen den Täter. Tangiert sein können insbesondere die Vorschriften des § **823 Abs. 1 BGB** (Schadenersatzpflicht – allgemeine Haftungsgrundlagen) wie zum Beispiel der Nutzungsbe-

II Identitätsdiebstahl

einträchtigung bei Passwortänderung durch den Täter, und des § 823 **Abs. 2 BGB** (Schadenersatzpflicht – Verletzung von Schutzgesetzen; unter Schutzgesetz fällt beispielsweise ein vorsätzlicher Verstoß gegen das BDSG) sowie **1004 BGB** (Beseitigungs- und Unterlassungsanspruch; soweit nicht speziellere gesetzliche Ansprüche greifen). In Haftung ist immer der so genannte Störer zu nehmen. Dies muss nicht unbedingt die Person sein, welche Identitäten gestohlen hat. So kann auch der Betreiber beispielsweise eines sozialen Netzwerkes verpflichtet werden, ein gefaktes Profil zu löschen oder diskreditierende Fotos aus einem regulären Profil zu nehmen.

4. Checkliste für die Ermittlungspraxis

- ✓ Der **erste Angriff** erfolgt durch die Schutzpolizei, die Endsachbearbeitung durch die Kriminalpolizei.
- ✓ Vernehmung des Anzeigenerstatters (i.d.R. der Geschädigte) als Zeugen.
- ✓ „Einwilligung zur Weitergabe personenbezogener Daten" (i.d.R. Formblatt) unterschreiben lassen. Damit erleichtern sich Anfragen des Sachbearbeiters bei entsprechenden Stellen.
- ✓ Sollte der Angriff mit Unterstützung elektronischer Kommunikationsmittel stattgefunden haben, ist die Mail nach Absprache mit dem betreffenden Sachbearbeiter zu sichern und an einen E-Mail-Account der Polizei weiterzuleiten. Unter Umständen genügt aber auch ein Ausdruck der Mail.
- ✓ Ebenfalls nach Absprache kann der Header ausgelesen bzw. gesichert werden.
- ✓ Auch ob die jeweilige Auswertung der betroffenen Hardware sinnhaft ist, sollte mit dem Endsachbearbeiter abgesprochen werden.

5. Präventionsmaßnahmen

Wie in anderen Kapiteln ebenfalls beschrieben, ist es notwendig, dass sowohl PC, Tablet und Notebook als auch das Smartphone mit einer aktuellen Virensoftware ausgestattet sind. Allerdings sollte nicht allein auf den Echtzeitscan vertraut werden. Vielmehr sollte der Nutzer seine elektronischen Geräte selbst in regelmäßigen Zeitabständen von der Software nach Malware überprüfen lassen und den Vorgang manuell starten. Daneben sollten alle Geräte auch mit einer Firewall-versehen sein.

Nicht extra erwähnt werden muss, dass ein WLAN-Router eine aktuelle Verschlüsselung benötigt. Für mobile Geräte gilt, sich nicht ohne weiteres in öffentliche WLAN-Netze oder Hotspots einzuwählen.

Zeitnahe Installation von Sicherheitsupdates für Betriebssysteme und Programme, welche von den Herstellern bereitgestellt werden. Zusätzlich regelmäßige Sicherung der Daten auf externen Speichermedien.

Niemals Anhänge von E-Mails öffnen oder auf angebotene Links in den Mails selbst klicken. Vorsicht ist auch geboten, wenn die Anrede in der Mail allgemein gehalten ist („Sehr geehrter Kunde/Kundin, Sehr geehrter Nutzer/Nutzerin, Sehr geehrte Dame/Herr"), persönliche Daten abgefragt werden (Kreditkarten- oder Kontonummern) oder Druck aufgebaut wird („Ihr Konto wird gesperrt"). Ebenfalls ist Achtsamkeit notwendig, wenn die Mail vermeintlich von einem „Freund" eines sozialen Netzwerkes oder von der Hausbank kommt. Bei Zweifel gibt es immer die Möglichkeit beim Absender nachzufragen.

Einstellungen an der Systemsteuerung so vornehmen, dass die Endungen von Dateien vollständig angezeigt werden. Besondere Vorsicht ist bei Programmdateien mit den Endungen .exe, .com, .bat oder .vbs im Anhang einer E-Mail geboten. Zudem sollten die Einstellungen des E-Mailprogramms so konfiguriert sein, dass ein Script nicht automatisch ausgeführt wird.

Beim Besuch von Internetseiten auf sichere Seiten (Buchstaben https in der Adresszeile, Schloss- oder Schlüsselsymbol im Browser) achten. Das gilt insbesondere dann, wenn sensible Daten, beispielsweise zum Bezahlen von Bestellungen oder Buchungen eingegeben werden oder bei der Eingabe persönlicher Daten bei Anmeldung zur Nutzung von Dienstleistungen.

Daneben ist es wichtig, Papiere mit persönlichen Daten nicht achtlos wegzuwerfen bzw. in den Haus- oder Papiermüll zu geben. Um die Papiere unbrauchbar zu machen, reißt man diese in kleine Schnipsel oder lässt sie durch einen Reißwolf.

Vor dem Verkauf oder sonstiger Weitergabe elektronischer Kommunikationsgeräte ist die Löschung aller Daten und ggf. die Formatierung der Festplatte obligatorisch.

Für jede Web-Anwendung ein eigenes Passwort vergeben. Zur Generierung eines sicheren Kenn- bzw. Passwortes siehe Kapitel XIII „Passwortsicherheit".

Neben diesen Vorsorgemaßnahmen bedarf es auch einige Handlungsalternativen, um den Schaden als Opfer eines Identitätsmissbrauchs möglichst gering zu halten. Den rat- und hilfesuchenden Opfern können folgende Hinweise gegeben werden:

Kontoauszüge und Abrechnungen von Bank- und Kreditkartenkonten sowie Onlineshops sollten regelmäßig durchgesehen werden. Werden Diskrepanzen festgestellt, muss sofort das Kreditinstitut bzw. der Anbieter des Webshops kontaktiert werden. Ggf. sind Sperrungen von Debitkarten oder Rückbuchungen (soweit noch möglich) notwendig. Auch sollten die jeweiligen Ansprechpartner gebeten werden, vorhandene Daten zu sichern, damit eine Aufklärung und Strafverfolgung unterstützt werden kann. Im Anschluss sollte Strafanzeige erstattet werden.

Darüber hinaus sind alle Zugangsdaten zu allen Onlineanwendungen zu ändern, nicht nur die der betroffenen Seite. Zudem sollte eine Überprüfung des gesamten Computersystems durchgeführt werden. Dabei kann die von einem aktuellen Virenprogramm erkannte Schadsoftware ggf. in den Quarantäneordner verschoben werden und steht für eine Prüfung durch die Polizei sowie einer Zuordnung zu einem Tatkomplex zur Verfügung. Nicht vergessen werden sollte neben dem Einsatz der Virensoftware der Einsatz eines Anti-Spy-Programms.

III. Social Engineering, Social Hacking

1. Phänomenbeschreibung

Die besten technischen Sicherheitsvorkehrungen nutzen nichts, wenn sich der Täter die „Schwachstelle Mensch" zunutze macht. Durch geschicktes Nachfragen wird ein Mitarbeiter des Unternehmens, dessen Computersystem infiltriert werden soll, zur Herausgabe sensibler Daten, wie zum Beispiel Telefonnummern, Zugangscodes oder Passwörter für Computersysteme, gebracht. Seinen Ursprung hat die „soziale Manipulation" in den 80er Jahren des vergangenen Jahrhunderts. So genannte **Phreaker** riefen bei Telefongesellschaften an. Meist gaben sie sich als Kollege oder Administrator aus. Unter einem Vorwand, dringend Hilfe zu benötigen oder das System überprüfen zu müssen, brachten sie die Angestellten dazu, die tagesaktuellen Passwörter zu Erstellung von Telefonverbindungen herauszugeben. Im Anschluss stellen die Täter mit den erhaltenen Zugangscodes kostenlose Modemverbindungen her oder führten Telefongespräche. Die Phreaker erkannten, dass sie an die gewünschten Informationen kamen, indem sie gezielt Menschen manipulierten, zu denen sie ausschließlich zu diesem Zweck ein Vertrauensverhältnis aufgebaut hatten. Um dies zu erreichen hatten sie sich zuvor über die Geschäftsabläufe bei der angegriffenen Telefongesellschaft erkundigt.

Häufig ist die Abfrage bzw. das Sammeln von Informationen bei verschiedenen Personen auch die Vorbereitung für einen Angriff auf das Firmennetzwerk. Neben dem „klassischen" Hacken von Computern nimmt das Social Engineering immer noch eine feste Rolle beim Diebstahl von Informationen und Daten ein. Dies hat seinen Grund u. a. darin, dass der Datenaustausch in einer vernetzten Welt immer öfter zwischen Personen stattfindet, die sich persönlich nicht kennen. Zudem erhöhen sich die Geschwindigkeit des Datentransfers und damit auch die Frequenz der Änderung von Zuständigkeiten und technischen Abläufen. Hinzu kommt, dass sich die Täter schnell und gezielt in sozialen Netzwerken und bei Berufsbörsen über Personen informieren können, die an wichtigen Schaltstellen des anzugreifenden Unternehmens sitzen. Durch das Einholen von Informationen bei verschiedenen Menschen im Unternehmen oder in dessen Umfeld erlagen die Täter eine Vielzahl von Puzzleteilen, die sie zu einer Gesamtinformation zusammensetzen. Auf diesem Wege schöpfen die wenigsten Personen Verdacht, da sie ja nur nach Nebensächlichkeiten ihrer Tätigkeit oder profane Geschäftsabläufe gefragt wurden. Beim Täter hingegen ist die Summe der erlangten Auskünfte wichtig, um letztendlich an die von ihm benötigten Informationen zu gelangen oder um Glaubwürdigkeit bei der Person vorzutäuschen, die final angegangen wird.

Den Tätern kommen dabei unterschiedliche begünstigende Faktoren zugute. Viele Opfer von Social Engineering-Attacken glauben nach dem Angriff, einem Mitarbeiter einen Gefallen getan zu haben und hegen dabei keine Zweifel, sich korrekt verhalten zu haben. Ihnen wurde eine Notlage vorgetäuscht, aus der sie ihrem Kollegen helfen konnten. Meist wurden sie dabei unter Zeitdruck gesetzt, indem ihnen beispielsweise von einem gravierenden IT-Problem oder einem blockierten Rechner erzählt wurde. So konnte es dem Täter gelingen, unter dem Vorwand den Zugang des Angerufenen zum Computersystem überprüfen zu müssen, an dessen Zugangsdaten zu kommen oder ihn davon zu überzeugen, ein wichtiges Update aufzuspielen, was in Wirklichkeit aber ein Schadprogramm ist.

Oder es wurde lange vor dem Angriff ein besonderes Vertrauensverhältnis zu dieser Person aufgebaut, dass dann am „Tag X" genutzt wurde. So konnte die betreffende Person im Vorfeld der Attacke bereits angerufen worden sein. Der Täter konnte sich als neuer Mitarbeiter aus einer anderen Abteilung derselben Firma ausgeben und um Hilfe durch seinen „erfahrenen Kollegen" bitten. So ließ er sich zum Beispiel durch ihn Arbeitsabläufe bestätigen, die er für seine Tätigkeit benötigte. Diese waren ihm jedoch schon geläufig, da er diese vorher bereits ausspioniert hatte. Allerdings konnte die Täterschaft sich bei dieser Person einen gewissen Bekanntheitsgrad und auch Sympathien sowie auch Vertrauen verschaffen und sie bitten, bei einer weiteren Hilfeleistung wieder anrufen zu dürfen. Dieser Anruf fand einige Zeit später dann tatsächlich statt. Bei dieser Gelegenheit fragte er dann aber die Zugangsdaten zum Computer ab.

Ebenso werden an Firmenmitarbeiter E-Mails gesandt. Diese haben einen entsprechenden, zum Öffnen animierenden Betreff („Wichtige Nachricht für ...", „Fund im Hotelzimmer") oder Anhang („Fundstück Uhr"). Neugierig geworden öffnet der angeschriebene Mitarbeiter die Mail bzw. den Anhang. Entweder wird er mit dem Inhalt der Nachricht geschickt manipuliert und zur Preisgabe von Daten oder Passwörtern animiert oder es installiert sich ein Schadprogramm auf dem betreffenden Rechner und durchforstet die gespeicherten Daten nach dem, was der Täter benötigt. Im Jahr 2014 wurde erstmals die als „Banking Trojaner" bekanntgewordene Schadsoftware „Emotet" verwendet. Auch diese versteckte sich im E-Mailanhang oder als Link im versandten Text. Wurde der Anhang oder der Link geöffnet, installierte sich das Schadprogramm. Dem Täter war es unter anderem möglich, Zugangsdaten zum Internetbanking zu erlangen. In den weiterentwickelten Versionen des Programms ist es möglich, weitere, modernere Schadsoftware nachzuladen. Als Beispiel gilt das ebenfalls als Bank Trojaner bekannte Programm „Trickbot" oder die Ransomware „RYUK"[16].

Seit Ende 2019 infiziert „Emotet" vermehrt Bundesbehörden, um dort E-Mail-Adressen auszulesen. Über diese verbreitet sich das Programm weiter. Ausgenutzt wurde bei den Betroffenen das Vertrauen in die Mails, deren Absender beispielsweise die Bundesverwaltung ist. Den Behörden entstand dabei kein Schaden. Opfer der Schadsoftware in verschiedensten Versionen wurde aber beispielsweise das Krankenhaus in Fürstenfeldbruck, die Uni Göttingen und das Kammergericht Berlin.

Deshalb lassen sich die Angriffe mit der Methode **Social Engineering** grundsätzlich in zwei Gruppen unterteilen:

a) **Human-based-social-engineering**: Der Angriff erfolgt im direkten persönlichen Kontakt (Besuch in der Firma) oder via Telefon.
b) **Computer-based-social-engineering**: Der Angriff erfolgt per E-Mail mit einem entsprechenden Betreff bzw. Anhang.

In die Hände spielt dem Täter aber auch die Autoritätskultur mancher Unternehmen. Schlüpft er in die Identität eines Vorgesetzten, hat die angegriffene Person weniger Bedenken, den Bitten oder Anordnungen nachzukommen und die geforderten Informationen

---

16 Vgl. Bundesamt für Sicherheit in der Informationstechnik, Presse unter https://www.bsi.bund.de/DE/Presse/Pressemitteilungen/Presse2019/Emotet-Warnung_230919.html (zuletzt aufgerufen 22.4.2020).

(Passwörter, Stand einer technischen Entwicklung, Buchungsnummern oder interne Geschäftsabläufe) herauszugeben.[17]

Eine Auswertung durch den amerikanischen Kommunikationskonzern *Verizon* von knapp 42.000 Vorfällen im Zusammenhang mit der Sicherheit von Daten sowie ca. 2.000 bestätigten Fällen des Datenmissbrauchs kommt zu dem Ergebnis, dass 33 % der Attacken auf Firmen in die Gattung „social" eingeordnet werden können.[18] Bei dieser Zahl ist auch berücksichtigt, dass ein Angriff selten aus nur einer Kategorie besteht. Vielmehr werden mehrere miteinander kombiniert, um an das Ziel zu gelangen oder es werden mit dem Vorgehen Daten und Erkenntnisse gesammelt, damit ein Angriff unter Anwendung der erlangten Informationen erfolgen kann.

Ein immer noch aktuelles Beispiel für Social Engineering zur Erlangung von Geld ist der vorgebliche Anruf eines Mitarbeiters des Supports der Firma *Microsoft*. Dieser erklärt, dass seine Firma Fehlermeldungen vom PC des Angerufenen erhalten habe. Damit er den Rechner kontrollieren und die Fehler beheben könne, solle der Nutzer ein so genanntes Fernwartungsprogramm (z. B. „Teamviewer", „Ammyy" oder „ShowMyPC") auf seinen Rechner laden. Im Anschluss greift er auf den Rechner des Angerufenen zu, zeigt ihm einige Warnungen oder sogar vermeintliche Schadprogramme und fordert die Person dann auf, Lizenzen für das Betriebssystem oder die installierten Programme kostenpflichtig verlängern zu lassen. So gelangt der Täter nicht nur an Bargeld, sondern umgeht die Firewall und den Virenscanner. Darüber hinaus besteht für ihn noch die Möglichkeit, ein Virenprogramm zur Übernahme des Rechners oder Mitlesen der Tastatureingaben zu installieren.

2. Strafrechtliche Relevanz

Die Erläuterungen zur strafrechtlichen Relevanz befassen sich mit dem Erlangen von Daten durch persönlichen Kontakt (persönliches Erscheinen, Telefonieren). Die Datenaneignung mit technischen

---
17 Vgl. *Fox* 2013, S. 318.
18 Verizon „2019 Data Breach Investigation Report" (S. 5 ff.), www.verizonenterprise.com" (zuletzt aufgerufen 22.4.2020).

Mitteln, beispielsweise durch gefälschte E-Mails, wurde im Kapitel „Phishing" erläutert.

§ 17 Abs. 2 Nr. 2 UWG (Verrat von Geschäfts- und Betriebsgeheimnissen) ist zu prüfen, wenn der Täter durch Täuschungshandlung Zugangsdaten oder Betriebsgeheimnisse erlangt. Dabei kommt die Variante des unbefugten Verwertens oder das Mitteilen an jemanden anderen in Betracht. Strafverschärfend wirkt sich aus, wenn die Handlung gewerbsmäßig erfolgt, der Täter weiß, dass das Geheimnis im Ausland verwertet werden soll oder die Verwertung im Ausland selbst vornimmt. Nach **§ 17 Abs. 2 UWG** ist zur Verfolgung der Tat ein Strafantrag notwendig, außer die Strafverfolgungsbehörde erkennt ein besonderes öffentliches Interesse an der Strafverfolgung.

§ 132a Abs. 1 Nr. 1, 2 StGB (Missbrauch von Titeln, Berufsbezeichnungen und Abzeichen) könnte in Betracht kommen, wenn sich der Täter beispielsweise als Polizeibeamter oder Rechtsanwalt ausgibt.

§ 42 Abs. 2 Nr. 2 BDSG i. V. m. § 26 Abs. 1, 2. Alt. StGB (Erschleichen der Übermittlung personenbezogener Daten durch unrichtige Angaben in mittelbarer Täterschaft) könnte kritisch geprüft werden. Schutzgut des BDSG sind personenbezogene Daten. Die Vorschriften des BDSG gelten nach § 1 Abs. 1 S. 2, 2 BDSG auch für natürliche Personen, wenn diese nicht aufgrund persönlicher oder familiärer Tätigkeiten verarbeitet werden. Der Engineer nutzt wie oben beschrieben ein Vertrauens- oder Über-/Unterordnungsverhältnis aus, um über einen Dritten an die für ihn notwendigen persönlichen Daten zu kommen. Der Schutzbegriff des § 46 Nr. 1 BDSG umfasst alle Informationen, mit denen eine Person eindeutig identifizierbar ist, u. a. Namen, Anschriften, Telefonnummern oder E-Mail-Adressen. Durch geschicktes Verhalten benutzt der Täter eine andere Person als Werkzeug, um an die entsprechenden Auskünfte zu kommen. Unterstellt wird die Gutgläubigkeit des Opfers. Ebenfalls Voraussetzung zur Erfüllung des Tatbestands ist die elektronische Speicherung vor der Herausgabe. Denkbar ist in diesen Zusammenhang, dass beispielsweise die Personalnummer oder die private Telefonnummer vor der Preisgabe zunächst in einem Programm zur Datenverarbeitung „nachgeschlagen" werden muss. Nach **§ 42 Abs. 3 BDSG** wird die Tat nur auf Antrag verfolgt.

§ 42 Abs. 2 Nr. 1 BDSG (Unbefugte Verarbeitung von Daten) kann ebenfalls geprüft werden. Nach § 46 Nr. 2 BDSG fällt unter die Verarbeitung auch die Erhebung personenbezogener Daten. Grundsätzlich sind die Daten beim Betroffenen zu erheben (§ 32 BDSG[19]) und wenn es nach dem Gesetz (BDSG und anderen Rechtsvorschriften) erlaubt ist oder eine Einwilligung des Betroffenen vorliegt. Bei der Erhebung von Daten ist es nicht zwingend notwendig, diese auf elektronischem Wege zu erheben. Die (mündliche) Abfrage bei einem Dritten ist ausreichend. Zudem sind der Zweck der Datenbeschaffung und die beabsichtigte Verwendung nicht von Bedeutung. Eine gesetzliche Notwendigkeit oder eine Erlaubnis des Betroffenen dürfte im jeweils konkreten Fall nicht vorliegen.

Inwieweit die im BDSG bzw. der DSGVO als „Verantwortlicher" genannte Person für die Preisgabe personenbezogener Daten durch einen Dritten (Mitarbeiter) verantwortlich gemacht werden kann, da er ggf. keine oder mangelnde organisatorische Maßnahmen getroffen hat, bleibt abzuwarten.

§§ 202a und 202b StGB (Ausspähen bzw. Abfangen von Daten) liegt nicht vor, da kein Datenverarbeitungsvorgang genutzt wird, um an die Daten zu gelangen.

Weitere Tatbestände sind zu prüfen, wenn der Täter die erlangten Daten einsetzt. So beispielsweise §§ 202a, 205 StGB; § 263a Abs. 1, 3. Variante StGB; § 270 StGB.

3. Zivilrechtliche Relevanz

Wie im Kapitel „Phishing" beschrieben, bietet das Zivilrecht auch beim „Social Engineering" verschiedene Möglichkeiten gegen den Täter. So können insbesondere geprüft werden: **§ 823 Abs. 1 BGB** (Schadenersatzpflicht – allgemeine Haftungsgrundlagen) wie zum Beispiel einer Nutzungsbeeinträchtigung des Internetbankings wegen Sperrung des Kontos oder dem Verlust von Geld, **§ 823 Abs. 2 BGB**

---

[19] In der neuen Fassung des BDSG gibt es keine Bestimmung, die explizit angibt, dass personenbezogene Daten grundsätzlich beim Betroffenen zu erheben sind (s. § 4 Abs. 2 BDSG a.F.). Die Regelung hierzu ergibt sich über den § 32 BDSG-neu bzw. Art. 13 DSGVO.

(Schadenersatzpflicht – Verletzung von Schutzgesetzen; unter Schutzgesetz fällt beispielsweise ein vorsätzlich begangener Verstoß gegen das BDSG) sowie **§ 1004 BGB** (Beseitigungs- und Unterlassungsanspruch, soweit nicht speziellere gesetzliche Ansprüche greifen.

Ebenso zur Prüfung gelangt **§ 83 Abs 1. S. 1 BDSG** (Schadenersatz und Entschädigung). In Betracht kommt die Variante der „Offenlegung durch Übermittlung" (vgl. § 46 Nr. 2 BDSG) von Daten. Offensichtlich handelt es sich bei der Weitergabe von Daten an einen unbekannten Dritten um eine unzulässige Datennutzung. Allerdings ist nachzufragen, ob die Person absichtlich gehandelt hat und erkennen konnte, dass unbefugte Dritte die Datenauskunft haben wollten. Denn das Gesetz schließt in Satz 2 der Vorschrift über Schadenersatz und Entschädigung eine Schadenersatzpflicht aus, soweit die verantwortliche Stelle die nach den Umständen des Falles gebotene Sorgfalt beachtet hat.

4. Checkliste für die Ermittlungspraxis

- ✓ Vernehmung des Anzeigenerstatters (i.d.R. der Geschädigte) als Zeugen.
- ✓ Der **erste Angriff** erfolgt durch die Schutzpolizei, die Endsachbearbeitung durch die Kriminalpolizei.
- ✓ Sollte der Engineer sich per Telefon gemeldet haben, müssen die Verbindungsdaten der Anschlüsse gesichert werden.
- ✓ Sollte der Angriff mit Unterstützung elektronischer Kommunikationsmittel stattgefunden haben, ist die Mail zu sichern und nach Absprache mit dem betreffenden Sachbearbeiter an einen E-Mail-Account der Polizei weiterzuleiten.
- ✓ Sicherung der Kopfzeilendaten (Header).

5. Präventionsmaßnahmen

Allein durch technische Maßnahmen wie Firewall, aktivem und aktuellem Virenscanner sowie passwortgeschützte Benutzerkonten sind elektronische Daten, Informationen und Betriebsgeheimnisse nicht zu schützen. Allerdings dürfen diese Maßnahmen auch nicht vernachlässigt werden. In Kombination mit verhaltensorientierten Maßnahmen kann ein guter Schutz gegen den Abfluss von Informationen erreicht werden. Im Einzelnen sollte darauf geachtet werden:

Weniger ist mehr! Informationen über die anzugreifende Person in einer Firma werden meist im weltweiten Netz recherchiert. Daher ist es ratsam, im Internet im Allgemeinen und bei sozialen Netzwerken (fb, Xing, Twitter, LinkedIn) im Besonderen nicht zu viel von sich und seiner beruflichen Karriere preiszugeben. Ein Posting über vertrauliche Informationen über den Arbeitgeber oder die dort verrichtete Tätigkeit verbietet sich von selbst. Aber auch bei der persönlichen Vorsprache oder Kontakt über Kommunikationsmittel gilt, sich mit Auskünften zurückzuhalten. Vorsicht ist auch bei Freundschafts- oder Kontaktanfragen über soziale Netzwerke oder persönlich gehaltene E-Mails angebracht.

Mitarbeiter müssen über das Phänomen „social engineering" informiert sein. Hierzu müssen Schulungen angeboten werden, um die Methoden des Engineers (Sammlung von Informationen im Internet, Abfrage von Interna via Telefon oder persönlich, Aufbauen von Zeitdruck zur Lösung eines Problems usw.) zu kommunizieren. Zudem müssen sie Fingerspitzengefühl entwickeln, welche sensiblen privaten Daten abgefragt werden können und auf gar keinen Fall herausgegeben werden dürfen (Urlaubsabwesenheit, Telefonnummer privat und/oder am Arbeitsplatz, Personalnummer usw.).

Damit einhergehend müssen Mitarbeiter zudem darüber Bescheid wissen, welche Informationen das Kapital des Unternehmens sind und diese folglich nicht herausgegeben werden dürfen. Hilfreich ist dabei die Festlegung, was im Unternehmen unter „vertraulich" fällt. Ebenso notwendig ist die Bekanntgabe von bzw. Einigung auf Kriterien unter die Informationen fallen, die nicht vertraulich sind, aber darüber trotzdem keine Auskunft erteilt werden darf. Dabei gilt es, den Spagat zwischen Kundenfreundlichkeit und dem Schutz von Betriebsinformationen zu schaffen.

Um den Mitarbeitern die Entscheidung zu erleichtern, welche Informationen sie im Zweifelsfall weiter- respektive herausgeben dürfen, sind Kommunikationswege (Postversand, Telefon, Mail, Fax, persönlich) festzulegen. Ggf. können Kontaktpersonen im Unternehmen benannt werden, bei denen sich Mitarbeiter rückversichern oder im

Nachhinein Mitteilungen über dubiose Kontaktaufnahmeversuche getätigt werden können.

Für alle Benutzerkonten müssen eigene Passwörter vergeben werden. Diese sollten in periodischen Abständen gewechselt werden. Darüber hinaus dürfen Passwörter nur vom Administrator zurückgesetzt werden, wenn der Mitarbeiter persönlich bei ihm vorspricht und nicht nur anruft bzw. ein vereinbartes (registriertes) Kennwort nennen kann. Das Passwort selbst darf nicht notiert bzw. auf einem Notizzettel am Rechnerbildschirm oder der Schreibtischunterlage hinterlassen werden.[20] Zudem muss sich am PC-Bildschirm nach einer definierten kurzen Zeitspanne der Bildschirmschoner automatisch generieren. Er darf nur nach Eingabe des Passwortes wieder freigeschaltet werden.

Vorsicht und Aufmerksamkeit sollte immer angebracht sein, wenn Anrufer versuchen, Druck auf die kontaktierte Person aufzubauen. Meist wird eine Not- oder Hilfesituation vorgebracht, die in kürzester Zeit bereinigt werden muss. Die Mitarbeiter müssen wissen, dass sie sich beim Vorgesetzten rückversichern können, ob der geschilderte Sachverhalt tatsächlich so zutrifft. Auch die Möglichkeit für einen Rückruf bei der entsprechenden Person bzw. Abteilung zur Prüfung der Identität des Anrufers (Nummer sollte selbst herausgesucht werden) oder das Beenden eines Gespräches muss als Option bekannt sein.

In der Unternehmenskultur muss ein Klima der Offenheit und des gegenseitigen Respektes vorherrschen. Althergebrachte Hierarchien und Strukturen fördern Social Engineering. Auch eine offensive Fehlerkultur muss etabliert sein.

Insbesondere sollten niemals mit Smartphones, Laptops oder Tablets, auf denen berufliche Kontakte, geschäftliche Dokumente, Pläne oder Zeichnungen gespeichert sind, öffentliche WLAN-Hotspots genutzt werden. Dasselbe gilt für den Fernzugriff mit diesen Geräten auf den Firmenserver.

---

20 Näheres zur Passwortsicherheit s. Kapitel XIII.

IV. Phishing

1. Phänomenbeschreibung

Phishing ist ein Phantasiewort, welches für das unbefugte Beschaffen von Zugangsdaten fremder Personen, wie beispielsweise Passwörter oder PIN, benutzt wird. Frei übersetzt steht es für das „Abfischen" dieser persönlichen Daten. Über die Entstehung des Terminus gibt es verschiedene Theorien. Das Bundesamt für Sicherheit in der Informationstechnik (BSI) beschreibt auf seiner Website phishing als ein aus dem Englischen stammendes Kunstwort: *password* und *fishing*, was übersetzt „Passwortangeln" heißt.[21] Der Informatiker *Fox* erklärt den Begriff in der Ausgabe der Fachzeitschrift Datenschutz und Datensicherheit als Fischen – *fishing* – von Kriminellen nach Passwörtern und Kreditkarteninformationen bei Internet-Nutzern.[22] In Anlehnung an die Manipulation von Telefonverbindungen in den 1970er bis 1990er Jahren, dem so genannten **phreaking**, wurde anstatt des führenden Buschstabens ‚f' das ‚ph' gewählt. Von der „Anti-Phishing Working Group (APWG)" wird behauptet, dass der Ursprung des Wortes *phishing* tatsächlich von *fishing* herrührt, dies aber – wie in Hackerkreisen üblich – mit ‚ph' anstatt ‚f' geschrieben wird.[23]

1.1 Wie läuft ein Phishing-Angriff ab?

Unter dem Vorgang des **phishing** ist der Versand von E-Mails und Spam-E-Mails, Verlinkung auf gefälschte Webseiten sowie Instant-Messaging-Nachrichten zu verstehen. Bereits in den späten 1990er Jahren wurden an Nutzer von Instant-Messaging-Diensten Nachrichten mit der Bitte verschickt, die Zugangsdaten des Accounts zu bestätigen. Nach der Eingabe wurde von den Tätern das Benutzerkonto übernommen, um im Namen des Besitzers den Dienst zu nutzen und auch dessen Identität zu übernehmen.

---

21 Vgl. BSI, Passwortdiebstahl durch Phishing, www.bsi-fuer-buerger.de, unter der Rubrik „Risiken – Spam, Phishing & Co." (zuletzt aufgerufen 22.4.2020).
22 *Fox* 2005, S. 365.
23 Vgl. *Mei* 2008, S. 5.

Mit Zunahme des Online-Banking wurde der bargeldlose Zahlungsverkehr via Internet auch für Internetkriminelle interessant. Zu Beginn dieser Methode, an Zugangs- oder Kontodaten zu kommen, wurden Mails verschickt, die einen offiziellen Charakter des Absenders vorgaukelten. Der Empfänger wurde zum Beispiel von seiner vorgeblichen Hausbank aufgefordert, sich an einem Sicherheitsupdate des Bankservers zu beteiligen. Hierzu müsse der Kunde lediglich seine Daten bestätigen, indem er diese in eine der Mail angefügten Tabelle einträgt und an den Absender zurücksendet. Auf diesem Wege versuchten die Täter, an die vollständigen Bankdaten, wie Personalien des Kontoinhabers, dessen IBAN (International Bank Account Number) inklusive persönlicher Identifizierungsnummer (PIN) zu gelangen. Die so erlangten Daten wurden dann vom Täter eingesetzt, um Geld von dem Konto abzubuchen, dessen Daten sie übermittelt bekommen haben.

1.2 Beispiel für den Inhalt einer Phishingmail

> Sehr geehrter Kunde,
>
> die Sparkasse arbeitet derzeit an technischen Arbeiten in der Abteilung Internet Banking. Dieser Abschnitt befasst sich mit der Installation einer neuen Software zur Sicherung Ihres Internet-Banking-Kontos. Mit diesem Service wird die Bank Ihr Konto vor Spam, Cyberkriminalismus und unberechtigtem Zugriff auf Ihr Konto durch Dritte schützen.
>
> Um diesen Service zu nutzen, empfehlen wir Ihnen den Link unten anzuklicken und die erforderlichen Informationen für die Aktualisierung einzureichen.
>
> Sparkasse Online-Banking Aktualisierung (HIER KLICKEN)
>
> Nach Abschluss der Vervollständigung Ihrer Daten wird Ihr Internet-Banking-Konto automatisch aktualisiert. Zusätzlich wird sich einer unserer Mitarbeiter mit Ihnen in Verbindung setzen, um das Sicherheitsupdate fertigzustellen.
>
> Wir bedanken uns für Ihr Vertrauen und verbleiben
>
> Mit freundlichen Grüßen,
>
> Sparkasse Kundendienst.
>
> sparkasse.de[24]

---
24 Beispiel einer Phishingmail, wie sie im Sommer 2013 versandt wurde.

IV Phishing

Die Mails der „nächsten Generation" setzten nicht mehr auf die Zurücksendung der Daten durch den späteren Geschädigten. Vielmehr sollte der Empfänger einem in der Mail platzierten Link folgen, der ihn auf eine gefälschte Internetseite lockte, die mit ihrer Aufmachung beispielsweise der einer offiziellen Bankseite glich. Dort sollte er seine Zugangsdaten online in vorgegebene Formularfelder eingeben. Mit den so übermittelten Daten wurden dann von den Tätern Geldverfügungen vorgenommen.

Allerdings reagierten die geschädigten Branchen (Banken, Bezahlunternehmen, Kreditkartenfirmen) auf das Phänomen und informierten ihre Kunden darüber, dass diese Unternehmen niemals persönliche Daten mit einer Mail bzw. über ihre Homepage anfordern bzw. abfragen würden. Zudem änderten viele deutsche Banken die Vorgehensweise bei Geldtransaktionen per Computer.[25] Ein weiterer Grund, warum Phishingmails den Tätern nicht mehr den großen Erfolg bringen, ist die Skepsis vieler Verbraucher gegenüber Mails, die nicht personalisiert sind und demzufolge keine persönliche Anrede enthalten. Die Reaktion der Täterseite ist ein Musterbeispiel für ihre Flexibilität. Es wurden **personalisierte Mails** entworfen und diese gezielt an Personen versandt (so genannte **Spear-Infection**). Damit ein für die Täter positives Ergebnis erzielt werden konnte, musste neben dem in der Mail angegebenen (richtigen) Namen diese Person auch Kunde bei exakt der Bank sein, dessen Corporate Design die Täter mit der imitierten Homepage gefälscht hatten. Diese Vorgehensweise minimierte nicht nur den „Ausstoß" an Mails, sondern auch die Fehlerquote, wenn die Bank nicht zum Empfänger passte.

Um mit diesen personalisierten Phishingmails dennoch Erfolg zu haben und die Trefferquote zu erhöhen, wurde von den Tätern das „Geschäftsfeld" erweitert. Nun erhielten die Empfänger nicht nur Mails „ihrer" Bank, sondern auch fingierte Mahnschreiben. In diesen wird ihnen vorgeworfen, eine Rechnung eines Onlinehändlers nicht rechtzeitig beglichen zu haben. Gleichzeitig werden sie aufgefordert, den säumigen Betrag an die mahnende Institution, meist eine Rechtsanwaltskanzlei oder ein Inkassobüro, zu überweisen. Näheres zu den Überweisungsmodalitäten sowie dem vermeintlichen Kaufvorgang

---

25 Erläuterungen hierzu s. Kapitel V. „Internetbanking, Onlinebanking".

könne aus der Datei im Anhang der Mail entnommen werden. In diesem Anhang (am abgebildeten Beispiel eine ZIP-Datei) befindet sich allerdings die Schadsoftware.

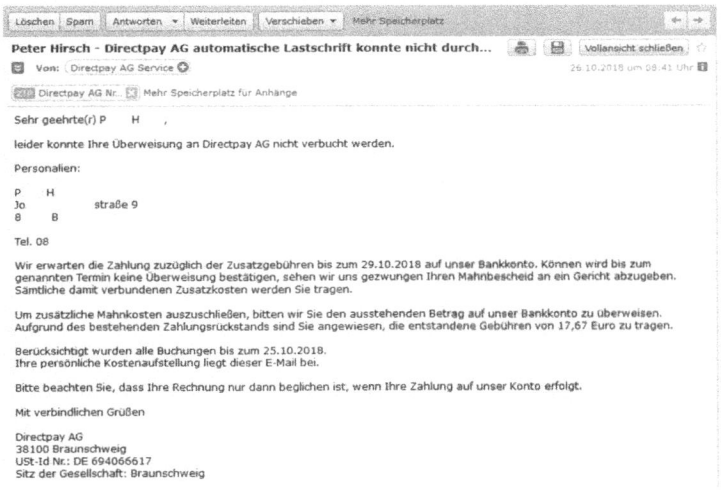

Abbildung 2: Beispiel einer E-Mail, die als Mahnung versandt wurde. Als Anhang enthält sie einen .zip-Trojaner mit einem Schadprogramm. Quelle: Peter Hirsch

Als Alternative werden durch den E-Mailanhang nicht persönliche Daten abgefischt, sondern die Nutzung des Computers blockiert oder die darauf befindlichen Daten verschlüsselt. Um die Freigabe des PC zu erreichen soll ein bestimmter Betrag als „Lösegeld" bezahlt werden. In Kapitel VII wird das Phänomen „Ransomware" ausführlicher beschrieben. Auch über soziale Netzwerke werden vermehrt Mails mit infizierten Anhängen verbreitet. Gerade was von einem „Freund" innerhalb des Netzwerkes kommt, wird unter Umständen vor dem Öffnen weniger kritisch geprüft. In der Nachricht ist jedoch eine Schadsoftware untergebracht, die den entsprechenden Rechner infiziert.

Als eine weitere Möglichkeit hat sich die **Drive-by-Infection** etabliert. An den Empfänger einer Mail wird appelliert, unter einem Vorwand einem Link zu einer Internetseite zu folgen. Diese wurde zuvor ohne Wissen des regulären Inhabers präpariert, indem Sicherheitslücken des Browsers ausgenutzt wurden (**Cross Site Scripting**). Allein durch den Besuch dieser Website wird ohne Zutun des „Besuchers" die Malware installiert. Neben der Aufforderung in einer Mail wird diese Methode immer öfter in sozialen Netzwerken angewandt. Auch hier gilt, dass die Aufforderung und deren Beweggrund ggf. nicht so genau überprüft werden, da sie von einem Gleichgesinnten in der Social Community stammt.

2. Strafrechtliche Relevanz

§ 269 StGB (Fälschung beweiserheblicher Daten) für den Versand von Phishingmails sowie der Einrichtung einer gefälschten Internetseite. Der Absender der Mail bzw. der Inhalt der Fake-Seite erweckt beim Empfänger den Eindruck, dieser müsse den jeweiligen Aufforderungen im Text Folge leisten (beispielsweise aufgrund der ihm bekannten regulären AGBs seiner Hausbank). Damit nimmt er eine rechtlich relevante und zum Beweis im Rechtsverkehr bestimmte Gedankenerklärung wahr. Damit können die Daten Gegenstand eines rechtlichen Verfahrens werden und sind deshalb beweiserheblich im Sinne der Strafvorschrift.

Ebenfalls ist das Tatbestandsmerkmal der Speicherung erfüllt, da Mail respektive Webseite auf dem Server eines Dienstanbieters sowie die Mail ggf. zusätzlich im Speicher des Empfängers abgelegt wird.

§§ 106 ff. UrhG, §§ 143 und **143a MarkenG**, wenn bei der Erstellung der Phishingmail bzw. der Website Firmenlogos oder Geschäftsbezeichnungen verwendet wurden, die urheberrechtlich geschützt oder/ und markenrechtlich eingetragen sind.

Auch hier ist **§ 42 Abs. 2 Nr. 1 BDSG** (Unbefugte Verarbeitung von Daten) ggf. zu prüfen, wenn dem Täter durch seine Aktivität tatsächlich Passwörter oder Kontoverbindungen in die Hände fallen. Diese Daten fallen unter den Schutzbegriff des § 46 Nr. 1 BDSG. Eine Einwilligung zu Erhebung der Daten durch den Geschädigten liegt nicht vor. Nach § **42 Abs. 3 S 1 BDSG** wird die Tat nur auf Antrag verfolgt.

§ 263a Absatz 1 StGB (Computerbetrug) liegt nicht vor, da mit dem Abfischen der Daten noch keine Vermögensverfügung vorgenommen wurde, die sich beim Geschädigten vermögensmindernd auswirkt. Auch der Straftatbestand der Vorbereitung eines Computerbetruges nach Abs. 3 ist nicht gegeben. Durch das Versenden von Mails bzw. dem Fälschen einer Bankhomepage wird nicht auf ein Computerprogramm zugegriffen.

§§ 202a bzw. **202b StGB** (Ausspähen bzw. Abfangen von Daten) liegt nicht vor, da der Täter die Daten nicht ausspäht, sondern sie ihm vom Geschädigten selbst übermittelt werden. Unerheblich dabei ist, dass die Täter über den Übermittlungsgrund täuschen. Auch abgefangen werden die Daten nicht im Sinne der Vorschrift, da deren Übermittlung Teil der Kommunikation zwischen Täter und Opfer ist.

Relevant können die beiden Tatbestände aber sein, wenn die vom Täter später eingesetzten Daten mit einem im Hintergrund ablaufenden Schadprogramm erlangt wurden, ohne dass der Geschädigte selbst aktiv die Eingabe an der Tastatur getätigt hat. Beide Tatbestände sind Antragsdelikte (§ 205 StGB). Auch sollte im Falle des Einsatzes von Malware § 263a StGB geprüft werden.

§ 263 StGB (Betrug) liegt nicht vor, da mit der Preisgabe der Zugangsdaten zu Online-Bankdiensten durch den Geschädigten noch keine Verfügung vorgenommen wurde, die sich unmittelbar vermögensmindernd bei ihm auswirkt.

§§ 303a und **303b StGB** (Datenveränderung bzw. Computersabotage) liegt nicht vor, da die Täterschaft bei Phishing Daten weder löscht, unterdrückt, unbrauchbar macht noch verändert.

Weitere Tatbestände sind zu prüfen, wenn der Täter die erlangten Daten einsetzt. So beispielsweise §§ 202a, 205 StGB; § 263a Abs. 1, 3. Variante StGB; § 270 StGB.

3. Zivilrechtliche Relevanz

§ 675u BGB (Haftung des Zahlungsdienstleisters für nicht autorisierte Zahlungsvorgänge).

§ 675v Abs. 1, 2 BGB (Haftung des Zahlers bei missbräuchlicher Nutzung eines Zahlungsauthentifizierungsinstruments).

§ 675l BGB (Pflichten des Zahlers in Bezug auf Zahlungsauthentifizierungsinstrumente) Zur Heranziehung der jeweiligen Vorschrift ist es notwendig zu ermitteln, aufgrund wessen Pflichtwidrigkeit der Schaden entstanden ist: dem Kunden oder der Bank.

4. Ermittlungsmöglichkeiten

4.1 E-Mail

Beim Versenden von E-Mails werden neben dem eigentlichen Text, den Empfänger- und Absenderadressen zahlreiche weitere technische Daten (Metadaten) übertragen. Insbesondere die IP-Adresse des Absenders ist hier mit enthalten. Auch wenn die IP-Adresse in den meisten Fällen keinen geeigneten Ermittlungsansatz darstellt – die Täter anonymisieren oder fälschen diese in der Regel – können die technischen Daten durchaus ermittlungsrelevant sein. So können u. a. Tatzusammenhänge, beispielsweise aufgrund des Sendezeitpunktes bei Massen-E-Mails, erkannt werden. Einzelverfahren können so zu einem großen Ermittlungskomplex zusammengeführt werden. Die Erhebung dieser Daten ist daher nicht unwichtig.

Normalerweise werden diese Daten in einer E-Mail nicht dargestellt, da sie lediglich für den technischen Ablauf von Interesse sind. In nahezu allen E-Mailprogrammen sowie bei webbasierten Anwendungen können diese Daten jedoch sichtbar gemacht werden. Diese Angaben werden auch **Header** respektive E-Mail-Header genannt. Beim eigentlichen Inhalt der E-Mail spricht man dagegen vom **Body**.

Wie diese Header sichtbar gemacht werden, hängt vom jeweiligen E-Mailprogramm ab, das der Empfänger benutzt. Hier benutzen die verschiedenen Anbieter unterschiedliche Benutzeroberflächen, so dass eine genaue Beschreibung des Vorgangs abhängig ist vom jeweiligen Provider. In der Regel ist bei den Programmen ein entsprechender Menüpunkt unter „Einstellungen", „Option" oder „Ansicht" bzw. „Darstellung" vorzufinden. Beim weit verbreiteten Programm Outlook von Microsoft beispielsweise ruft man den E-Maileingang auf. Am rechten Bildschirmrand werden drei Punkte sichtbar. Werden diese angeklickt, öffnet sich ein pull-down-Menü. Nach dem Klicken des Reiters „Nachrichtenquelle anzeigen" öffnet sich ein Fenster, in dem die Nachrichtenquelle – also der Header – sichtbar wird. Bei Mails vom Anbieter „1 & 1 Mail & Media GmbH" („gmx.de" oder „web.de") wird die Mail geöffnet und in der Leseansicht in der Kopfleiste auf den Funktionsbutton mit dem Ausrufezeichen geklickt.

Zudem bietet das Internet zahlreiche Webseiten, die Schritt für Schritt erklären, wie der Header aufgerufen werden kann (Begriffe für die Suchmaschine: „Header anzeigen"; z. B. http://www.dotplex.de/service/faq/e-mail-header-anzeigen).

Abbildung 3: Darstellung eines E-Mailheaders aus dem Mailprogramm „Outlook", bezeichnet als Internetkopfzeile.

Der Bereich „Internetkopfzeilen" muss nun kopiert und beispielsweise in ein Word-Dokument oder einer E-Mail eingefügt werden.

IV Phishing

Der Header ist nun gut lesbar:

Return-Path: meldung@cybercrime-news.de

Received: from mail.webgo24-server12.de ([37.17.224.213]) by mx-ha.gmx.net (mxgmx002) with ESMTP (Nemesis) id 0Mddnw-1WWPQj3vIq-00PMfw for <opu69@gmx.de>; Fri, 02 May 2014 16:42:41 +0200

Received: from [192.168.178.42] (p54933A55.dip0.t-ipconnect.de [**84.147.58.85**])

by mail.webgo24-server12.de (Postfix) with ESMTPSA id CC996640BF35

for <opu69@gmx.de>; Fri, 2 May 2014 16:42:40 +0200 (CEST)

From: Meldung CCN <meldung@cybercrime-news.de>

Content-Type: text/plain; charset=us-ascii

Content-Transfer-Encoding: 7bit

Subject: Header auslesen

Message-Id: <C9668DD0-3469-4CFF-ABD9-A8AFFBD67634@cybercrime-news.de>

Date: Fri, 2 May 2014 16:42:39 +0200

To: opu69@gmx.de

Mime-Version: 1.0 (Mac OS X Mail 7.2 (1874))

X-Mailer: Apple Mail (2.1874)

Envelope-To: <opu69@gmx.de>

Der Header muss nun von unten nach oben gelesen werden. Jeder Mailserver fügt bei der Weiterleitung einen weiteren Eintrag hinzu. Relevant sind die ersten Einträge ab Versand der E-Mail durch den Täter. Die erste Received-Zeile von unten gelesen beinhaltet nun die IP Adresse des Absenders. Diese wird üblicherweise in eckigen Klammern dargestellt. Im vorliegenden Beispiel wurde die Email vom Rechner mit der IP Adresse 84.147.58.85 verschickt. Eine Überprüfung ergibt, dass diese IP Adresse einem Kunden der Deutschen Telekom AG zugewiesen ist. Der Provider Telekom vergibt diese dynamische IP Adresse in der Regel seinen Kunden im Raum Hof/Saale. Aus den Header-Daten kann somit die IP Adresse des Absenders und der ungefähre Standort des Rechners festgestellt werden.

Ermittlungsmöglichkeiten 4

Abbildung 4: IP-Lokalisierung der IP-Adresse 84.147.58.85 mit dem Dienst von www.utrace.de.

Jeder Provider vergibt seine ihm zugewiesenen IP-Adressen meist im gleichen Bereich. Dies hängt mit dem sog. „**Routing**" (Versand der Datenpakete auf bestimmten Strecken im www.) zusammen. Als **IP Tracking** wird das Herausfinden des ungefähren Standorts einer IP Adresse bezeichnet. Die Auskünfte sind allerdings meist äußerst ungenau. Da kein „Echtzeit-Tracking" vorliegt – man bedient sich in der Regel generierter Listen – können die Auskünfte auch von der tatsächlichen Lokalität stark abweichen! Solche IP-Lokalisierungen haben somit keinerlei Beweiskraft.

Der kriminalpolizeiliche Sachbearbeiter kann zudem die weiteren Headerdaten interpretieren und mit diesen recherchieren. Oft werden dazu auch freie Online-Tools (z. B. http://www.mailheader.org/) aus dem Internet verwendet. Hier können kopierte Headerdaten eingefügt und automatisiert ausgewertet werden.

Die Erhebung dieser Headerdaten kann nur auf dem Rechner des Geschädigten erfolgen. Leitet dieser die betrügerische E-Mail einfach an eine dienstliche E-Mail-Funktionsadresse weiter, werden alle relevanten Headerdaten überschrieben. Der Geschädigte sollte daher – soweit er keinen Laptop bei Anzeigenerstattung mitführt – nach der Vernehmung angewiesen werden, den Header zuhause entsprechend aufzurufen, die Headerdaten zu kopieren (rechte Maus → alles markieren, kopieren) und diesen Datensatz dann in einer neuen E-Mail an einen polizeilichen Funktionsaccount zu senden. Nach Sicherung dieser Headerdaten kann dann die eigentliche Phishingmail an den polizeilichen Sachbearbeiter weiter geleitet werden, so dass der Inhalt (Body) im Original vorliegt. Der Body wird bei einer Weiterleitung nicht verändert.

4.2 Phishingseite (www.)

Aktuelle Phishing-E-Mails locken den Empfänger, der oftmals mit richtigem Namen angeschrieben wird, auf entsprechend manipulierte Webseiten. Markant ist, dass anhand der Aufmachung der E-Mail (sog. Corporate Design) meist nicht mehr erkennbar ist, dass es sich um eine betrügerische E-Mail handelt. Es werden regelmäßig Logos von Banken, renommierten Webshops etc. in der Mail missbräuchlich verwendet. Die E-Mailadresse des augenscheinlichen Absenders ist zudem leicht zu fälschen. So kann beispielsweise die Domain @paypal.de problemlos dargestellt werden. Für die Ermittlung ist daher besonders der Link wichtig, dem der Geschädigte folgen soll.

PayPal

Ihr Konto braucht Ihre Hilfe!

Sehr geehrter PayPal Kunde

Ab dem 01.06.2013 sind wir gesetzlich dazu verpflichtet unsere Kundendatenbanken aktuell zu halten.

Damit Sie die bequemste Zahlungsart für den Online-Handel weiterhin ohne Bedenken um die Datensicherheit nutzen können, ist gemäß gesetzlicher Bestimmungen eine Aktualisierung Ihrer Kontaktdaten erforderlich.

Gehen Sie dieser Aufforderung **umgehend** nach.

1. Aktualisieren Sie Ihre Kontaktdaten:

- Bei Ihrem Kundenkonto sind uns veraltete Kontaktdaten aufgefallen. Bearbeitungsnummer: PP-00121-583-1063

2. Welche Daten muss ich bereit halten?

- Ihre Bankdaten
- Ihren Namen und Ihre Anschrift
- Ihr Abrechnungskonto ihrer Bankkarte

Nutzen Sie den nachfolgenden Link über unseren Sicherheitsserver.
http://ssl-paypal-aktualisierung.com

Viel Einkaufsspaß mit sichererereren Zahlungen wünscht PayPal!

Abbildung 5: Beispiel einer Täter-E-Mail.

IV Phishing

Folgt der Geschädigte dem Link http://ssl-paypal-aktualisierung.com, wird er zur „Verifizierung" seiner persönlichen Daten aufgefordert:

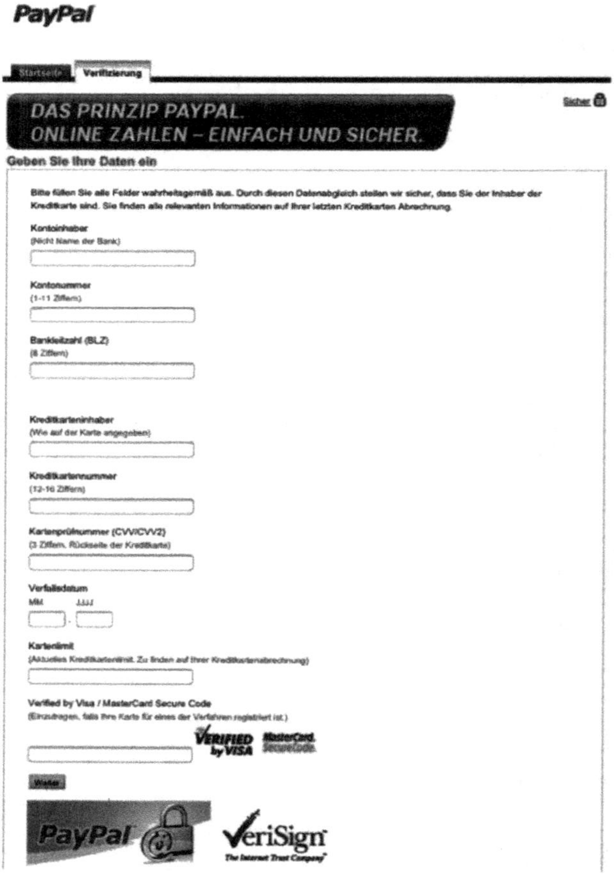

Abbildung 6: Beispiel der in der Täter-Mail verlinkten Eingabemaske. Hier glaubt der Geschädigte, seine Daten zur Verifizierung eintragen zu müssen. In Wirklichkeit werden die eingetragenen Daten nicht an PayPal, sondern an den Täter weitergeleitet – sog. Dropzone.

Der Geschädigte übermittelt somit alle Daten, die der Kriminelle beispielsweise für eine betrügerische Bestellung mittels Lastschrift (Girokonto) oder Kreditkartenbelastung benötigt. Warum er dies tun soll, ist oftmals für den unbedarften Anwender schlüssig (Sicherheit, Verifizierung, Systemumstellung), sodass er die Übermittlung bedenkenlos durchführt.

Natürlich hat der verwendete Link http://ssl-paypal-aktualisierung.com nichts mit dem Finanzdienstleister Paypal zu tun. Der Täter hat sich diese Domain registrieren lassen und auf einem Server die entsprechende Webseite gehostet[26]. Soweit ein Domainname noch nicht vergeben ist, kann jeder beliebige Name registriert werden – auch ein bestehender in Verbindung mit einem neuen Zusatz. Die Kosten dafür betragen nur wenige Euro pro Jahr, ebenso das Anmieten eines notwendigen Webservers.

Um den „wahren" Inhaber der Domain zu verschleiern, verwenden die Täter oftmals mehrere Subdomains, die nicht mehr vollständig in der Adresszeile dargestellt werden können. Da üblicherweise von links nach rechts gelesen wird, wird dem Geschädigten assoziiert, tatsächlich auf der Webseite von Paypal (http://paypal.de) zu sein. Die eigentliche First-Level-Domain steht am Ende der Adresszeile und bleibt für den Geschädigten unerkannt, da sie ihm nicht angezeigt wird. Durch Recherchen zum angeführten Link konnte festgestellt werden, dass die Webseite in Indonesien gehostet war. Für weitere Ermittlungen ist daher die Stellung eines Rechtshilfeersuchens erforderlich.

Soweit der Link und folglich der Webserver, auf dem die Webseite gehostet ist, bekannt ist, kann der polizeiliche Sachbearbeiter den Quellcode der Webseite untersuchen. Hier sucht er gezielt nach Begriffen, die zu weiteren Ermittlungsansätzen führen. Ein solcher Begriff ist beispielsweise „post".

Post ist ein Befehl der Programmiersprache PHP, der die vom Geschädigten in den Formularfeldern eingegebenen Daten (Kennwort, Bankdaten, Kreditkartendaten usw.) letztlich an den Täter weiterleitet. Die Phishingseite kann dazu im Hintergrund eine Email generieren, welche die abgefischten Datensätze an den Täter sendet.

---

26 Unter „Hosting" wird die Unterbringung eines Internetprojektes auf einem Server verstanden.

Üblicherweise werden jedoch alle ausgespähten Daten auf einem eigenen Server gespeichert. Dieser Server wird als **Dropzone** bezeichnet. Eine Dropzone bezeichnet somit einen nur dem Täter bekannten, geheimen Speicherort. Der Link zu dieser Dropzone kann meist ebenfalls dem Quellcode der Phishingseite entnommen werden. Hier sind allerdings umfangreiche Auswertungen erforderlich, da die Täter immer anspruchsvollere Phishingseiten programmieren.

5. Checkliste für die Ermittlungspraxis

- ✓ Der **erste Angriff** erfolgt durch die Schutzpolizei, die Endsachbearbeitung durch die Kriminalpolizei.
- ✓ Vernehmung des Anzeigenerstatters (i.d.R. der Geschädigte) als Zeugen.
- ✓ Sicherung der Kopfzeilendaten (Header).
- ✓ Sicherung der Phishing-Mail bzw. der Phishingseite durch Screenshot oder Foto, Weiterleitung der Originalmail an einen E-Mailaccount der Polizei.
- ✓ Verständigung der Bank des Geschädigten, um ggf. Geldzahlungen zu unterbinden und Konto sperren zu lassen.
- ✓ Ggf. Verständigung der Bank der Täterschaft, um Konto sperren zu lassen und dessen Inhaber zu ermitteln.
- ✓ Feststellung der IP-Adresse des Computers, von der aus die erlangten Bankdaten zum Einsatz kamen.
- ✓ Feststellung der genauen Überweisungszeit.
- ✓ Sicherung der notwendigen Daten (Kontoauszug, elektronische Erfassung der Kontobewegungen).
- ✓ Aufgrund kurzer Speicherfristen ist eine zügige Bearbeitung obligatorisch.

6. Präventionsmaßnahmen

Entscheidend ist zunächst die „Einflussgröße Mensch". Leichte Beute für die Phisher sind die User, die jede Mail öffnen, die sich im Postfach befindet und im Anschluss dem unter einem beliebigen Vorwand angebotenen Link folgen. Mit dem Öffnen der Verlinkung installiert sich regelmäßig ein Schadprogramm auf dem Computer, welches die dem Täter nutzbringenden Daten ausspioniert.

Auch wenn die gefakte Mail und ggf. im Weiteren die gefälschte Internetseite, auf die weitergeleitet wird, ein offizielles Aussehen haben, sollten dort keinerlei persönliche Daten preisgegeben werden. Kein Bankinstitut fragt auf diesem Wege Kontodaten oder Zugangsdaten ab. Dies macht im Übrigen auch keine Polizeidienststelle bei der Anzeigenaufnahme. Um hier nicht zum Opfer eine Straftat zu werden, sollten niemals Mails von unbekannten oder zweifelhaften Absendern geöffnet werden. Eine Plausibilitätsprüfung nach der so genannten „3-Punkte-Regel" kann helfen, das Risiko, eine Phishingmail zu öffnen, zu minimieren:

1. Ist mir der Absender bekannt?
2. Sind die Angaben in der Betreffzeile und der Zeitstempel der Mail plausibel?
3. Erwarte ich überhaupt einen Anhang von diesem Absender?

Wird die Mail trotzdem geöffnet und schafft der Inhalt der Mail Unsicherheit beim Nutzer, sollte sich dieser, bevor er Eingaben tätigt, beim Absender über den Wahrheitsgehalt des Inhalts rückversichern. Größte Vorsicht ist immer geboten, wenn höchst private Daten, wie Anschrift, Telefonnummer, Geburtsdatum und Erreichbarkeiten, abgefragt werden. Einerlei, ob dies über den PC oder via Telefon erfolgt.

Eine Sperrung der Kredit- bzw. Debitkarte ist immer dann obligatorisch, wenn zu vermuten ist, dass Täter kartenrelevante Daten erlangt haben. Bank- und Maestrokarten, Kreditkarten, Kundenkarten mit Zahlungsfunktion, Onlinebanking-Accounts sowie andere elektronische Karten und Berechtigungen können über die bundeseinheitliche **Sperrnotrufnummer 116116** gesperrt werden. Der Anruf innerhalb Deutschlands ist gebührenfrei. Außerhalb Deutschlands muss die 0049 vorgewählt werden. Weiteres, vor allem die Liste sperrbarer Medien, kann unter www.sperr-notruf.de nachgelesen werden.

Technisch muss der häusliche PC, Tablet oder Laptop auf Höhe der Zeit sein. Das heißt, dass aktuelle und vom Hersteller angebotene Patches installiert werden müssen, um aktuelle Sicherheitslücken im Betriebssystem zu schließen. Daneben müssen auf jedem Datengerät eine leistungsfähige Firewall sowie ein aktuelles Virenschutzprogramm installiert sein. Insbesondere das Virenschutzprogramm sollte nicht nur auf einen Echtzeitscanner beschränkt sein. Vielmehr muss der PC zumindest einmal im Monat nach Schadprogrammen gescannt werden. Auch ein Spamfilter sollte installiert sein, um unliebsame Massenmails von vornherein vom Rechner fernzuhalten.

Durch die vermehrte Nutzung von Smartphones für Geldtransfers oder Bestellungen im Internet bedarf es ebenfalls einiger Sicherheitseinstellungen. So muss das Smartphone mit einer PIN oder einem Muster, welches über die Tatstatur der Sperre eingegeben wird, versehen sein. Dabei sollte sich die Sperre selbstständig aktivieren, wenn das Mobiltelefon eine gewisse Zeit (max. zwei bis drei Minuten) nicht bedient wird.

Ebenso wie beim PC müssen Updates des Betriebssystems aber auch der Applikationen regelmäßig durchgeführt werden, um das Gerät auf dem neuesten Sicherheitsstand zu halten.

Zusatzprogramme sollten immer aus vertrauenswürdigen Quellen stammen. Vor der Installation lesen, welche Zugriffsrechte das Programm auf dem Smartphone erlangen will. Überlegt werden sollte, ob die gewünschte Applikation auf Mikrophon, Kontaktdaten oder Speicher Zugriff haben muss. Über die Menüpunkte „Einstellungen – Apps" kann die jeweilige App beispielsweise bei Android aufgerufen und die Einstellungen über „Berechtigungen" auch im Nachhinein geändert werden. Oft können Informationen (z. B. aktuelle Benzinpreise) via Mobiltelefon auch über den Browser aufgerufen werden. Die Installation einer App ist dann nicht notwendig. Keine Apps installieren, wenn diese von vermeintlich Bekannten „geteilt" oder unaufgefordert zugesandt wurden. Auch geantwortet werden sollte in solchen Fällen nicht.

Wie auf einem PC muss auf einem Smartphone ebenfalls ein Virenscanner installiert sein. Neben dem Echtzeitscan ist die regelmäßige Überprüfung mit dem Programm auf Schadinhalte obligatorisch.

WLAN- und Bluetoothverbindungen müssen ausgeschaltet sein, wenn diese Schnittstellen nicht gebraucht werden. Ein Zugriff von außen auf das Handy wird so zumindest erschwert.

Auch ausgeschaltet sollte die GPS-Funktion sein, damit die Geodaten nicht im Hintergrund gespeichert bzw. abgefragt werden können.

V. Internetbanking, Onlinebanking

1. Phänomenbeschreibung

Mit der immer weiter fortschreitenden Vernetzung sehen sich die Unternehmen der Geld- und Versicherungswirtschaft gezwungen, ebenfalls im weltweiten Netz vertreten zu sein, um netzaffine Bevölkerungsschichten zu erreichen. Dort wollen sie nicht nur Kunden über ihre Leistungen informieren, sondern verlagern auch Geschäftsabläufe dorthin. Neben der gewünschten Präsenz im Internet spart dieses Vorgehen auch Personal. Von 1.005 Personen im Alter ab 16 Jahren, die vom Digitalverband „bitkom" telefonisch zur Ausführung ihrer Bankgeschäfte befragt wurden, gaben 70 Prozent an, Onlinebanking zu tätigen. 52 Prozent wiederum nutzen zur Abwicklung ihr Smartphone.[27] Doch dort, wo Daten und Geld unterwegs sind, zeigen auch Straftäter ihr Interesse und versuchen persönliche Informationen abzufischen oder Geld von fremden auf „eigene" Konten zu transferieren.

2. Verwendete Techniken im Onlinebanking

Internet- oder Onlinebanking ist das Tätigen von Bankgeschäften (Überweisungen, Einrichten von Daueraufträgen u. ä.) mit direktem Zugriff auf den Bankrechner von einem Endgerät, PC, Tablet oder Smartphone, via Datenleitung. Eine gute Übersicht aller aktuellen Onlinebanking-Methoden bietet die Webseite Wikibanking.net.[28]

Die verschiedenen Nutzungsmöglichkeiten können prinzipiell in zwei verschiedenen Techniken eingeteilt werden.

---

[27] Vgl. „Beim Onlinebanking sind nur noch die Senioren zurückhaltend" unter https://www.bitkom.org/Presse/Presseinformation/Beim-Online-Banking-sind-nur-noch-Senioren-zurueckhaltend (zuletzt aufgerufen 22.4.2020).

[28] https://www.wikibanking.net/onlinebanking/.

V Internetbanking, Onlinebanking

2.1 Banksoftware

Einmal ist dies möglich über ein vom Bankinstitut anerkanntes Programm (**Homebanking- oder Clientprogramm**), das zunächst auf dem Rechner installiert werden muss. Offline werden die entsprechenden Belege am PC erstellt und erst nach vollständigem Ausfüllen über eine aufgebaute Netzverbindung versandt.

2.2 Browserunterstützte Techniken

Eine weitere Möglichkeit bietet das **browsergestützte Onlinebanking**. Bei dieser Variante wird vom PC, Tablet oder Smartphone aus direkt die Webseite der Bank kontaktiert und dort das Bankgeschäft getätigt. Autorisiert werden die Transaktionen durch eine digitale Unterschrift. Für den privaten Bereich werden je nach Institut unterschiedliche Standards angeboten.

Generell ist anzumerken, dass es keine Technik gibt, die eine hundertprozentige Sicherheit bietet. Alle Techniken haben gemeinsam, dass ein Computerprogramm verwendet wird. In Fachkreisen geht man davon aus, dass sich pro 1.000 Zeilen Programmcode mindestens ein gravierender Sicherheitsfehler (sog. **Bug**) eingeschlichen hat. Diese Fehler bieten prinzipiell die Angriffsfläche für Cyberkriminelle. Auch durch Sicherheitsupdates können nie alle Fehler behoben werden. Selbst in den Updates können wiederum Bugs enthalten sein. Die Sicherheit im Onlinebanking ist letztlich ein Produkt aus den Faktoren der Angreifbarkeit und Verwendungshäufigkeit der verschiedenen Anwendungen. Allein in Deutschland nutzten laut *Statista* im Jahr 2018 ca. 61 % der Bankkunden Onlinebanking.[29] Der Großteil hiervon verwendet browserunterstützte Techniken. Überholt worden ist das klassische Internetbanking vom Onlinebanking auf dem Smartphone oder Tablet mit Nutzung einer Banking-App. Ca. 65 % der User solcher mobilen Geräte nutzen eine oder mehrere Apps.[30] Für den Täter macht es daher Sinn, diejenige Technik anzugreifen, die am häufigsten Verwendung findet. Selbstverständlich

---

[29] Vgl. http://de.statista.com, unter der Rubrik Internet > Demographie & Nutzung: Statistiken zum Onlinebanking (zuletzt aufgerufen 22.4.2020).

[30] „Zwei Drittel nutzen eine App fürs Mobile-Banking" unter https://www.bitkom.org/Presse/Presseinformation/Zwei-Drittel-nutzen-App-fuers-Mobile-Banking (zuletzt aufgerufen 22.4.2020).

kann aber ebenso die verwendete Banksoftware angegriffen werden. Lediglich durch den Umstand, dass diese Techniken – im Gegensatz zu den browserunterstützten – weniger verbreitet sind, werden sie gegenwärtig nicht angegriffen. Nichtsdestotrotz wurde im Rahmen von Sicherheitstests bereits eine als absolut sicher bezeichnete Banksoftware erfolgreich gehackt.

3. Authentifizierung

Die Europäische Union hat mit der zweiten Payment Services Directive (PSD2; EU-Richtlinie 2015/2366[31]), umgangssprachlich in Deutschland „Zweite Zahlungsdiensterichtlinie" genannt, die Sicherheit bei Online-Einkäufen und beim Online-Banking verbessert. Seit dem 14.9.2019 ist eine sogenannte starke Kundenauthentifizierung – auch Zwei-Faktor-Authentifizierung (2FA) – vorgeschrieben, um sich gegenüber der Bank als berechtigter Teilnehmer auszuweisen. Diese Authentifizierung basiert auf drei verschiedenen Merkmalen, von denen zwei miteinander kombiniert werden müssen:

Wissen, wie zum Beispiel PIN oder Passwort.

Besitz, wie zum Beispiel Bank- bzw. Kreditkarte, Smartphone oder TAN-Generator.

Inhärenz (biometrische Daten), wie zum Beispiel Fingerabdruck, Gesichtserkennung, Iriserkennung oder Tippgewohnheiten.

3.1 Nachweis der Kenntnis einer Information (Wissen)

Bei dieser Information handelt es sich meist um die PIN, ein Kennwort oder die Beantwortung einer so genannten „Sicherheitsfrage". Nachteil dieser Methode ist, dass dieses Wissen vom Berechtigten vergessen werden kann. Von Tätern kann das Wissen beispielsweise durch Phishingmails oder Keylogger erlangt werden. Hackerprogramme können dieses Wissen möglicherweise in Form von Brute-Force-Angriffen „erraten". Ein wesentlicher Vorteil ist, dass dieses

---

[31] PSD2 der Europäischen Union, Amtsblatt der Europäischen Union L337/35 vom 23.12.2015 unter https://eur-lex.europa.eu/legal-content/DE/TXT/PDF/?uri=CELEX:32015L2366 (zuletzt aufgerufen am 22.4.2020).

Wissen überall zugegen ist. Man kann sich an jedem Ort und an jedem PC authentifizieren.

3.2 Verwendung eines Besitztums (Besitz)

Nur wer im Besitz der entsprechenden Komponente ist, kann sich authentifizieren. Hierzu gibt es verschiedene Hardwarekomponenten:

TAN-Liste, iTAN Liste

Nach dem Inkrafttreten der zweiten EU-Zahlungsdiensterichtlinie (Payment Service Directive 2 – PSD2) sind papierhafte TAN- bzw. ITAN-Listen seit dem 14.9.2019 nicht mehr zulässig. Neben einer PIN beim Einloggen musste zusätzlich eine TAN (Transaktionsnummer) bzw. indizierte TAN (Eingabe einer bestimmen TAN aus einer durchnummerierten TAN-Liste) verwendet werden. Nur derjenige, der die Liste besaß, konnte eine entsprechende TAN/iTAN verwenden. Dieses Verfahren war jedoch nicht mehr sicher genug und wurde abgelöst.

Security-Token (auch: elektronischer Schlüssel, Chipschlüssel)

Gängig sind Token mit einem USB-Anschluss. Durch die physikalische Verbindung dieser Komponente mit dem PC erfolgt die Authentifizierung.

Weiterhin sind die SecurID-Token von *RSA Security* weit verbreitet. In diesem Gerät ist ein Display integriert, das eine zeitlich begrenzte Zahlenkombination anzeigt. Token und der Server, an dem man sich anmelden und authentifizieren möchte, errechnen diese pseudozufällige Zahl synchron.

Handy/Smartphone – mTAN

Auch das Handy kann zur Authentifizierung verwendet werden. Hierbei wird ein Code, eine PIN oder eine TAN per SMS an das beim Absender registrierte Gerät gesandt. Dieser nur einmal gültige Code ist sodann in der Online-Anmeldemaske einzutragen. Auch diese Authentifizierungsmethode ist weit verbreitet. Meist findet diese Methode Verwendung beim Onlinebanking. Zahlreiche Dienste haben ebenfalls das mTAN-Verfahren eingeführt. So beispielsweise der Mobilfunkanbieter Vodafone zum Anmelden im Onlineshop oder von der Arbeitsagentur.

Mobile-Payment

Um den Bargeldbestand im Einzelhandel zu verringern, können Kunden dort seit Jahren bereits mit ihrer Bank- oder Kreditkarte bezahlen. Viele Supermarktketten (EDEKA-App), Einzelhändler aber auch Banken und Bezahldienstleister, wie zum Beispiel Paypal, paydirekt oder cashcloud, oder durch mit dem internetverwobene Konzerne wie Google mit Google Pay oder Hardwarefirmen wie Apple mit Apple Pay erweitern die Palette mit einem elektronischen Bezahlsystem per Smartphone.

Um daran teilzunehmen, muss der Nutzer zunächst eine App auf sein mobiles Gerät laden. Über diese App oder alternativ auf der Homepage der anbietenden Unternehmen erfolgt dann die Registrierung („Erstanmeldung") des Kunden mit Namen, Geburtsdatum, Anschrift, aktueller Handynummer sowie notwendigerweise der Bankverbindung („Anmeldedaten"). Zusätzlich vergibt der Kunde eine vierstellige PIN, mit der in Zukunft der Bezahlvorgang an der Supermarktkasse autorisiert wird („Zugangsdaten"). Nach Ende der Eintragung der geforderten Daten werden im Hintergrund der jeweiligen Anwendung zwei Codes generiert. Den ersten bekommt der frisch registrierte Nutzer sofort per SMS auf sein Smartphone gesandt und trägt diesen zum Abschluss seiner Registrierung zur Authentifizierung ein. Unmittelbar danach kann er für den Zeitraum von fünf Tagen Waren im Gesamtwert von 150,00 Euro einkaufen.

Um das mobile Bezahlen nutzen zu können, muss das Mobilgerät mit einem Chip mit **NFC-Technik** (Near Field Communication) ausgestattet sein. Bei der NFC handelt es sich um eine Übertragungstechnik, die der Daten kontaktlos über eine kurze Distanz übermittelt werden. Als Gegenstück ist ein Kassenterminal ebenfalls mit NFC-Technik notwendig.

Eher weniger benutzt wird ein am Mobiltelefon generierte QR-Bezahlcode. Die spezielle App erstellt einen Strichcode, der beim Kassieren an der Kasse eingescannt wird. Die in der App hinterlegten Bankdaten werden vom Kassensystem entschlüsselt und der fällige Betrag wird entsprechend vom Konto des Nutzers abgebucht. Dieses Verfahren benötigt eine stabile Internetverbindung und ist entsprechend langsamer. Deshalb ist es der NFC-Technik unterlegen.

Weitere Komponenten

Weitere Hardwarekomponenten sind die Magnetstreifenkarte oder RFID-Karte. Hierbei handelt es sich derzeit noch um Spezialanwendungen, die in der Masse noch keine Verwendung finden.

3.3 Gegenwart des Benutzers selbst (Inhärenz)

Die Gegenwart des Benutzers kann festgestellt werden durch:
- Fingerabdruck
- Gesichtserkennung
- Iriserkennung
- Stimmerkennung
- Handschrift
- Tippverhalten

Fingerabdruckscanner werden häufig bei Notebooks und Smartphone verwendet. Der Fingerabdruck gilt als einmalig, jedoch wird in Fachkreisen mittlerweile die Tatsache diskutiert, dass mit minimalen Mitteln der Schutz umgangen werden kann. Ein beispielsweise abfotografierter Fingerabdruck kann repliziert werden, so dass eine Authentifizierung des ursprünglichen Nutzers möglich ist. Auch Druck- und Wärmesensoren werden durch diverse Methoden ausgehebelt. Unter Experten herrscht derzeit Dissens, ob Biometrie wirklich für eine sichere Authentifizierung eingesetzt werden kann. Vor allem bei sicherheitsrelevanten Geräten sollte darauf verzichtet werden.

Das **Tippverhalten** soll ebenso eine sichere Authentifizierung beispielsweise bei E-Commerce-Transaktionen ermöglichen. Der Anwender muss hierbei kein Kennwort eingeben, sondern einen vorgegebenen Satz abtippen. Wenn das Anschlagsmuster dem gespeicherten entspricht, wird die jeweilige Applikation freigeschaltet oder eine Transaktion bestätigt. Durch die Verwendung von Keylogger ließe sich vermutlich aber auch dieses Verfahren aushebeln.

Die anderen biometrischen Methoden spielen im Bereich der privaten Authentifizierung mit Ausnahme der Iriserkennung noch eine eher untergeordnete Rolle.

Bei der **Iriserkennung** werden durch einen Scan der Regenbogenhaut des menschlichen Auges mit einer speziellen Kamera zusammen mit

Infrarotlicht ca. 260 individuelle Eigenschaften erfasst. Das Ergebnis wird in eindeutige numerische Werte umgerechnet und mit den eingespeicherten Werten eines Bildes verglichen. Die Iris entwickelt sich in den ersten Lebensmonaten eines Menschen und bleibt ein Leben lang individuell erhalten. Selbst eineiige Zwillinge haben eine unterschiedliche Struktur ihrer Iris. Das macht das System für die Anwendung im Bereich der Identifizierung und Authentifizierung im alltäglichen Gebrauch verhältnismäßig sicher. Zwar reicht ein einfaches Foto zur Überlistung des Systems nicht aus, bei Smartphones mit sensiblen Daten sollte trotzdem darauf verzichtet werden.

Ebenso unsicher ist die **2D-Gesichtserkennung**. Durch die Frontkamera des Smartphones oder Tablets wird ein Abgleich der Farben der Gesichtshaut unter Einbeziehung der Anordnung von Nase, Mund, Augen und anderer Merkmale zueinander durchgeführt und in mathematische Werte umgerechnet. Diese Werte werden mit den Werten eines Referenzbildes verglichen. Zum Entsperren des Mobilgerätes reicht es jedoch aus, ein Foto zu scannen. Deutlich sicherer, aber auch nicht für Kommunikationsgeräte mit sensiblen Daten geeignet, ist die 3D-Gesichtserkennung.

3.4 Zwei-Faktoren-Authentifizierung

Da eine einzelne Authentifizierungsmethode leicht angreifbar ist, nutzen viele Unternehmen vermehrt die Zwei-Faktoren-Authentifizierung (kurz: 2FA). Hierbei werden zwei der o. g. Authentifizierungsmethoden kombiniert. In der Regel die beiden Komponenten Wissen und Besitz. Klassisches Beispiel stellt das Onlinebanking dar: Die Anmeldung am Onlinebanking erfolgt mittels Wissen (PIN). Die Autorisierung der Überweisung selbst durch Besitz (ChipTan, mTAN etc.). Für den Täter stellt es zumindest einen äußerst hohen Aufwand dar, diese Authentifizierungsmethode zu überwinden. Hundert Prozent sicher ist aber auch dieses Verfahren nicht. Wie im Abschnitt mTAN beim Onlinebanking dargestellt wird, kann auch das Verfahren durchaus ausgehebelt werden. Durch die hohen Hürden, die zu überwinden sind, können jedoch zahlreiche Täter, die dieses Knowhow nicht besitzen, an ihren Taten gehindert werden.

4. Die wichtigsten Onlinebanking-Verfahren im Überblick

4.1 FinTS/HBCI

Als relativ sicher gilt das **softwarebasierte FinTS/HBCI-Verfahren** (Financial Transaction Services/Homebanking Computer Interface). Voraussetzungen für die Anwendung sind der Besitz einer Chipkarte mit speziellem Online-Banking-Schlüssel, eines Kartenlesers sowie einer speziellen Banksoftware, die auf dem heimischen Rechner installiert sein muss. Der Online-Banking-Schlüssel auf der Chipkarte kann von außen nicht ausgelesen werden. Mit dem Chipkartenleser wird bei jeder Transaktion die Prüfsumme aller Transaktionsdaten mit der digitalen Unterschrift verschlüsselt, die durch die Chipkarte erzeugt wird.

Diese **digitale Unterschrift** wird durch ein mathematisches Verfahren gebildet. Die Software erzeugt hierbei ein Schlüsselpaar bestehend aus einem „privaten" und einem „öffentlichen" Schlüssel. Dieser „private" Schlüssel bildet die Grundlage der Signatur. Er muss geheim gehalten werden und wird auf einem speziellen Medium abgelegt (früher: auf einem USB-Stick, moderner: direkt auf dem Chip der EC-Karte). Diese Signatur wird mit einer PIN gegen die unberechtigte Verwendung geschützt. Der korrespondierende öffentliche Schlüssel wird der Bank übermittelt und dient der Überprüfung der elektronisch signierten Anträge (= Initialisierung).

Der Vorteil des HBCI-Verfahrens liegt darin, dass lediglich zur Übermittlung der Transaktion eine Internetverbindung zwischen heimischen Rechner und dem Server der Bank hergestellt werden muss. Zudem erfolgt die PIN-Eingabe zum Auslösen des Vorgangs nicht über die Computertastatur, sondern über den Nummernblock des Kartenlesers. Ein Mitlesen durch einen Keylogger ist somit nahezu ausgeschlossen.

Markant bei diesem Verfahren ist, dass durch die verwendete Verschlüsselungstechnik und digitale Unterschrift eine Manipulation der Daten auf dem Weg vom Kunden zum Bankserver nicht möglich ist. **Man-in-the-Middle-Angriffe** können daher so gut wie ausgeschlossen werden. Denkbar wäre es jedoch, dass von Tätern die verwendete Software selbst manipuliert wird. Möglich scheint, dass Daten zugunsten des Täters verändert werden, bevor diese verschlüsselt den

PC des Bankkunden verlassen. Da das HBCI Verfahren nur von wenigen Bankkunden verwendet wird, ist ein solcher Angriff für Täter nicht lukrativ und daher bislang auch noch nicht bekannt geworden.

Der **Kartenleser** ist beim HBCI-Verfahren das wichtigste Glied. Kartenleser[32] werden in verschiedene Sicherheitsklassen unterteilt:

Sicherheitsklasse 1

Diese Geräte weisen keine besonderen Sicherheitsmerkmale auf. Sie dienen der bloßen Kontaktaufnahme von Chipkarten mit dem PC.

Sicherheitsklasse 2

Diese Kartenleser besitzen bereits eine Tastatur. Über diese kann beispielsweise eine PIN eingegeben werden. So können Keylogger-Angriffe erfolgreich abgeblockt werden. Allerdings bietet diese Sicherheitsklasse noch keine Gewähr, dass die Daten, welche mit der PIN lediglich autorisiert werden, nicht zugunsten des Täters durch Malware auf dem PC verändert werden.

Sicherheitsklasse 3

Diese Geräte haben neben der Tastatur noch eine Firmware eingebaut, die von Tätern nicht manipuliert werden kann. So genannte secoderfähige Geräte weisen zudem eine manipulationssichere Anzeige der Signaturdaten im Display auf.

Der SECODER-Standard wurde von der deutschen Kreditwirtschaft spezifiziert. Ähnlich wie beim mobilen TAN-Verfahren werden im Display des Kartenlesers die Empfängerkontonummer sowie der Betrag angezeigt. Hat ein Angreifer diese Datensätze manipuliert, ist dies für den Bankkunden sofort erkenntlich, soweit er diese beiden Daten gewissenhaft überprüft.

Höhere Sicherheitsklassen, beispielsweise Sicherheitsklasse 4 mit einem Authentifizierungsmodul, spielen für das Onlinebanking derzeit keine Rolle.

---

32 Generelle Einteilung von Kartenlesern. Gleiche Sicherheitsklassen gibt es z. B. auch für den elektronischen Personalausweis; vgl. https://www.bsi.bund.de/SharedDocs/Downloads/EN/BSI/Publications/TechGuidelines/TR03119/BSI-TR-03119_V1_pdf.pdf;jsessionid=599C2F085F6446ED942876AD14775D33.2_cid341?__blob=publicationFile&v=2.

Manipulationsmöglichkeiten

Im Rahmen von sicherheitstechnischen Studienarbeiten wurden HBCI-Verfahren bereits erfolgreich angegriffen. Da diese Verfahren jedoch von nur wenigen Bankkunden verwendet werden, stoßen sie auf Nichtinteresse von Kriminellen. Aus diesem Grund können etwaige Angriffe vernachlässigt und die Verfahren derzeit als sicher gewertet werden.

Prävention

Somit sollte der Einsatz eines Kartenlesers der Sicherheitsklasse 3 für ein sicheres Onlinebanking mittels FinTS/HBCI obligatorisch sein.

4.2 HBCI+

Das HBCI+-Verfahren suggeriert, dass es sich um eine Verbesserung von HBCI handelt. Sicherheitstechnisch ist dies jedoch nicht der Fall. Diesbezüglich müsste es sogar als HBCI-Minus bezeichnet werden, denn dieses Verfahren verwendet keinen Kartenleser. Die Aufträge werden mittels PIN und TAN autorisiert. Dies bedeutet, dass die Transaktion nicht mehr elektronisch signiert wird, was neben der Verschlüsselung der große Vorteil von HBCI war.

4.3 TAN, iTAN, iTANplus

Aufgrund der Zahlungsdiensterichtlinie der EU, der zweiten Payment Services Directive (PSD2), sind seit dem 14.9.2019 papierhafte TAN-Listen nicht mehr zulässig.

4.4 mTAN – mobile TAN

Der Kunde musste für die Verwendung des mTAN-Verfahrens (auch **SMS-TAN**) bei seiner Bank eine Mobilfunkrufnummer registrieren. Nach Ausfüllen der Transaktionsdaten auf der Internetseite wurde an diese Rufnummer seitens der Bank eine TAN gesandt, die in der Onlinemaske zeitnah einzugeben war. Neben der TAN wurde in der SMS auch das Empfängerkonto, die Empfängerbankleitzahl sowie der zu überweisende Geldbetrag in Euro – bei einer Sammelüberweisung die Anzahl der Einzelüberweisungen sowie der Gesamtbetrag – angezeigt.

Der Täter war somit nicht mehr in der Lage, die TAN abzufangen. Durch einen Man-in-the-Middle-Angriff hätte er sehr wohl die Transaktionsdaten zu seinen Gunsten ändern und auch die eingegebene TAN vom Bankkunden abfangen können. Allerdings wären die veränderten Daten dem achtsamen Bankkunden sofort aufgefallen, denn in der Kurznachricht wären die manipulierten Transaktionsdaten (Empfängerkonto, Bankleitzahl sowie Geldbetrag) des Täters angezeigt worden. Nur bei unachtsamen Bankkunden konnten die Täter erfolgreich handeln. Leider verzeichneten die Banken viele Missbrauchsfälle, denn aus Bequemlichkeit oder Zeitgründen werden die genauen Transaktionsdaten vom Kunden nicht beachtet. Werden diese Daten allerdings vom Bankkunden gewissenhaft überprüft, könnte das mTAN-Verfahren mit dem Betrieb eines klassischen Mobilfunktelefones als relativ sicher bezeichnet werden. Allerdings stellen die sich immer mehr ausbreitenden Smartphones ein Risiko für den Einsatz der mobile-TAN dar. Laut einem Beitrag des Magazins „Technology Review"[33] besaßen im Jahr 2019 rund 65 Millionen Personen in Deutschland ein Smartphone. Damit steigt auch das Interesse von Tätern an diesem Verfahren.

Smartphones sind Mobiltelefone mit Computerfunktionalität. Sie verfügen über ein eigenes Betriebssystem und sind daher, wie jeder Computer auch, angreifbar. Aufgrund der Gefahr, dass ein Schadcode (Malware) auf dem Handy aufgebracht werden kann, ist das mTAN-Verfahren als nicht mehr sicher einzustufen. Ist ein solches Smartphone infiziert, können Täter die SMS Funktion manipulieren. Die Malware leitet beispielsweise die SMS mit der mTAN einfach und vom Bankkunden unbemerkt an das Täterhandy weiter. Nach der manipulierten Transaktion wird die Umleitungsfunktion wieder deaktiviert. Nicht selten löscht sich nach einem erfolgreichen Angriff die Malware, so dass keine Spuren mehr zu finden sind.

Manipulationsmöglichkeiten

Wie das mTAN- bzw. smsTAN-Verfahren trotzdem ausgehebelt werden konnte, zeigte die Weiterentwicklung des bereits seit Mitte 2007 bekannt gewordenen Schadprogramms „ZeuS". Zunächst pro-

---

[33] Vgl. heise online, Technology Review, „Statistik der Woche: Smartphones in Deutschland" https://www.heise.de/tr/artikel/Statistik-der-Woche-Smartphones-in-Deutschland-4318411.html (zuletzt aufgerufen am 22.4.2020).

grammiert, um personenbezogene Daten von Internetseiten zu stehlen (so zum Beispiel Banken oder Onlinehändlern), wurde es im Jahr 2010 als „Banktrojaner" bekannt. Das Programm konnte von Straftätern via Internet („Dark Market") konfiguriert bzw. bestellt und im Anschluss eingesetzt werden. Dabei wurde mehrstufig agiert. Zunächst notwendig war die Infizierung eines meist Windows-PCs. Bei der Anwahl der Internetseite der Bank, über die der Besitzer des infizierten Rechners eine Transaktion abwickeln wollte, wurde er auf die im Design exakt gefälschte Seite umgeleitet. Auf dieser wurde der Bankkunde aufgefordert, eine Aktualisierung der (Sicherheits-)Software seines für die Bankgeschäfte registrierten Mobiltelefons vorzunehmen. Dazu sollte er in ein vorgefertigtes Formular die Telefonnummer des benutzten Gerätes eingeben. An diese Nummer bekam der so Getäuschte eine SMS. Darin war eine Verknüpfung zu einem vermeintlich neuen Sicherheitszertifikat enthalten, das er auf seinem Mobiltelefon installieren sollte. Mit dem gekaperten Rechner sowie dem Schadprogramm auf dem Mobiltelefon gelang es den Tätern, das zweistufige Sicherheitssystem zu umgehen. Andere Namen für das Schadprogramm sind „Eurograbber" oder „Zitmo" („Zeus in the mobile"). Als besonders effizient bei Onlinekriminellen gilt die Malware „SpyEye". Die Programmierer dieser Schadsoftware analysierten die Schwächen des Schadprogrammes „ZeuS" und füllten die Lücken aus. Ebenso sahen sie bei den installierten Programmen eine „Backdoor" vor, über die zur Überwindung der Überwachung durch eine Virensoftware beliebig oft geänderte Programmcodes geschleust werden konnten.

Die wichtigsten Onlinebanking-Verfahren im Überblick 4

Der Bankkunde erhält eine SMS, in der zur Installation von „Sicherheits-Zertifikaten" aufgefordert wird.	Nach der Installation wird der Bankkunde zur Eingabe seiner Kontonummer sowie der PIN aufgefordert. Der Täter erhält spätestens auf diesem Weg die Zugangsdaten zum Onlinebanking-Portal.
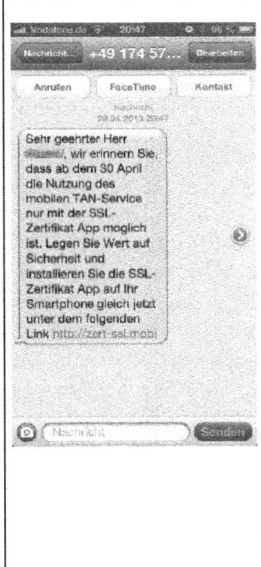	

Abbildung 7: SMS mit Aufforderung zur Installation eines „Sicherheitszertifikats" und anschließender Aufforderung zur Preisgabe seiner Kontodaten. Quelle: http://www.heise.de/security

4.5 Portierung der Mobilfunkrufnummer/Neue SIM-Karte/SIM-Swapping-Angriff

Mit einer besonders abgebrühten Methode erleichterten Ende 2013 Kriminelle mehrere Bankkunden um hohe Summen – oftmals im fünfstelligen Bereich. Diese wurden von den Tätern teilweise vom Festgeldkonto der Betroffenen auf deren Girokonten umgebucht und dann auf eigene Konten verschoben. In einigen Fällen wurde sogar der Verfügungsrahmen, den die Kontoinhaber zum Schutz vor unbefugten größeren Abbuchungen eingerichtet hatten, erhöht. Wie gingen die Täter vor? Zunächst wurde auf den bereits beschriebenen Weg der PC des Bankkunden infiltriert und die Zugangsdaten für das Onlinebanking, insbesondere das Passwort, ausgespäht. Gleichzeitig wurden ebenfalls die auf dem Rechner befindlichen Daten des Mobiltelefons ausspioniert. Dies gelang deshalb, da viele Telekommunikationsanbieter Rechnungen online versenden. Diese können entweder als Anhang einer E-Mail oder aber als gespeichertes Dokument ausgelesen werden.

Im Anschluss besorgten sich die Hacker eine Ersatz-SIM-Karte bzw. beantragen eine Multi-SIM des Kunden bei dessen Telefonanbieter. Auch eine Rufnummer-Portierung, also die Mitnahme einer bestehenden Rufnummer zu einem neuen Anbieter, war möglich. Die Authentifizierung beim Telefonanbieter war für den Täter meist problemlos möglich, denn die für die Authentifizierung erforderlichen Bestandsdaten (Name, Vorname, Geburtsdatum etc.) konnte der Täter auf den infizierten Rechner des Bankkunden vorfinden oder auf anderem Wege „ausspähen". Nach deren Freischaltung wurden u. a. alle SMS auf das Täterhandy mit der eingelegten SIM-Karte des Bankkunden versandt – so auch die mTAN. Mit dieser und dem gekaperten Computer des Onlinebankers konnten die Täter das Bargeld auf zuvor eingerichtete Konten transferieren. Bis die Geschädigten die unberechtigten Abbuchungen bemerkten, waren die Täterkonten bereits wieder leer.

Dieser Modus Operandi ist noch immer gegenwärtig. Neuerdings wird dafür der Begriff „SIM-Swapping-Angriff" verwendet. Swapping bedeutet ja „Austausch". Also der oben beschriebene Tausch von SIM-Karten. Neu ist hier lediglich, dass bei immer mehr Geräten eine elektronische SIM (eSIM) verbaut ist. Daher ist es überhaupt nicht mehr selten bzw. unüblich, dass bei einem Provider SIM-Karten – hier auf eSIM – getauscht werden.

SIM-Swapping wird nebenbei erwähnt nicht nur für Onlinebanking-Angriffe verwendet. Für nahezu alle 2-Faktorenautentifizierungen (2FA) ist dieser Angriff von Interesse. So wurde beispielsweise am 30.8.2019 das Twitter-Konto von *Jack Dorsey*, dem Erfinder und Mitgründer von Twitter sowie des mobilen Bezahldienstes Square, für die Dauer von fast einer Stunde gekapert. Im Namen von *Jack Dorsey* wurden in dieser Zeit zahlreiche rassistische Tweets abgesetzt.

Prävention

Smartphones sollten unbedingt mit einer Anti-Viren-Software ausgestattet sein. Onlinebanking mit dem Smartphone selbst (Onlinebanking-App) oder zum Empfang der mTAN sollte in Bezug auf die Risiken zumindest sorgsam durchgeführt werden.

Der Geschädigte kann einen Angriff erkennen, wenn er plötzlich keine SMS mehr empfangen kann oder er gänzlich nicht mehr erreichbar ist bzw. nicht mehr telefonieren kann. In diesen Fällen wird auf dem Smartphone in der Regel auch „Kein Netz" in der Statusleiste angezeigt. Dies gilt nur beim kompletten Tausch der SIM (SIM-Swapping). Bei einer Multi-SIM, die der Täter verwendet, haben beide Karten Empfang. Hier ist das Erkennen schon schwieriger.

Verhindern lässt sich ein solcher Angriff oft, indem man ein Kennwort bei seinem Provider vereinbart. Nur durch Nennung desselbigen können derartige Änderungen wie ein Kartentausch vorgenommen werden. Durch Social-Engineering-Angriffe und Phishing-Webseiten gelangen die Täter aber auch bei solchen Vorsichtsmaßnahmen an diese Kennwörter.

4.6 Handy-Apps/Push-TANs

Moderne und gut gesicherte Apps, die für eine 2FA-Identifizierung herangezogen werden,[34] gelten allerdings bei den oben genannten Swapping-Angriffen als sicher. Die App besitzt nämlich einen eindeutigen Fingerprint[35]. Das ist ein technischer Wert, der nur bei diesem Smartphone vorhanden ist und der sich auf einem anderen Gerät (das des Täters) ändern würde. So kann eine Manipulation erkannt werden. Diese Apps sind daher als wesentlich sicherer anzusehen als der reine Empfang einer SMS.

Nach der Einrichtung der App auf dem Smartphone erhält der Bankkunde die für die Nutzung erforderlichen Zugangsdaten per Post. So

---

34 Z. B. VR-SecureGo, S-push-TAN.
35 Vgl. Hashfunktion bei Fingerprinting: https://de.wikipedia.org/wiki/Hashfunktion.

werden auch neue Zugangsdaten erforderlich, wenn der Bankkunde das Gerät wechseln sollte. Der Täter kann demnach eine solche App nicht einfach konfigurieren und missbrauchen.

4.7 sm@rt-TAN, chip-TAN, optic-TAN

Dieses Verfahren ähnelt dem mTAN-Verfahren. Allerdings wird hier als Hardwarekomponente kein Mobilfunktelefon oder Smartphone verwendet, sondern ein eigenständiges Gerät. Das Gerät selbst stellt aber nicht die Komponente „Besitz" dar, sondern die EC-Karte des Bankkunden mit Chip, welche in das Gerät einzuführen ist. Nach Ausfüllen der Transaktionsdaten in der Onlinemaske wird ein Strichbalken-Code am Computermonitor sichtbar, der sog. **Flicker-Code**-. Fünf blinkende Balken übertragen auf optischen Wege – das Kartenlesegerät ist mit optischen Sensoren ausgestattet – die Daten ins Gerät, welches die erforderliche TAN, berechnet aus Empfängerkonto, Bankleitzahl und zu überweisenden Geldbetrag, generiert. Auch hier kann sich der Bankkunde am Display des Gerätes davon überzeugen, dass die Transaktionsdaten nicht verändert wurden. Da das TAN-Gerät eigenständig ist und keinerlei Verbindung mit dem Computer hat, ist eine Manipulation daran ausgeschlossen. Das Verfahren kann daher als sicher eingestuft werden.

Manipulationsmöglichkeiten

Es sind derzeit nur Angriffe bekannt, die durch Täuschung des Bankkunden möglich sind:

- Durch Malware wird dem Kunden am PC, an dem das Onlinebanking vorgenommen werden soll, vorgespielt, er müsse seinen TAN-Generator synchronisieren. Hierbei müssen in den Generator per Hand Werte eingegeben werden, die jedoch nichts anderes darstellen als eine Zielkontonummer, Bankleitzahl und zu überweisender Geldbetrag. Diese Daten zur Generierung der TAN können nicht nur durch den Flickercode optoelektronisch eingegeben werden, sondern auch per Hand. Bei gewissenhafter Beachtung des Displays am TAN-Generator sollte der Bankkunde zumindest skeptisch werden.
- Dem Bankkunden wird eine Fehlbuchung vorgetäuscht. Hierbei werden durch die Malware die Umsätze mit einem angeblichen Guthaben manipuliert. In Wirklichkeit ist die Gutschrift nie er-

folgt, sondern nur am infizierten Rechner dargestellt. Der Kunde überweist in Folge den vermeintlich falsch überwiesenen Geldbetrag „zurück". In Wirklichkeit stößt er eine Überweisung auf das Täterkonto an.
- Durch einen Man-in-the-middle-Angriff werden die Transaktionsdaten verändert. Der Bankkunde überprüft nicht gewissenhaft die am Display des TAN-Generators dargestellten Empfängerdaten und gibt die manipulierte Überweisung durch Eingabe der TAN frei.

In all diesen Fällen ist somit der Mensch die Schwachstelle und nicht mehr die Maschine.

4.8 photoTAN

Ein neueres Verfahren, welches das Onlinebanking sicherer machen soll, ist die „photoTAN". Voraussetzung zur Nutzung ist eine Applikation, die auf ein Smartphone geladen werden muss. Nach der Installation wird dann diese App mit einem von der Bank mitgeteilten Code aktiviert. Nach der Eingabe der für eine Finanztransaktion notwendigen Daten auf der Internetseite der Bank mittels PC wird mit dem Smartphone ein dort angebotenes **kryptografisches Bild** ausgelesen. Diese Anzeige hat starke Ähnlichkeit mit dem QR-Code, besteht jedoch aus bunten Pixeln. Auf dem Display des Smartphones werden dann ähnlich dem TAN-Generator die Bankverbindung, die Auftragsnummer sowie die Transaktionsnummer angezeigt. Auf den ersten Blick scheint es sich um eine sichere Abwicklung von Bankgeschäften zu handeln, zumal auch hier zwei Kanäle zu Übertragung genutzt werden: Erstellen und versenden der Daten via PC, abgleichen der Eingaben und Zusendung der TAN über Smartphone, jeweils verschlüsselt. Schwachstelle des gesamten Vorgangs ist nicht unbedingt das Verfahren als solches sondern vielmehr das zum Auslesen benutzte Mobiltelefon.

Durch die Implementierung des Internetbankings im mobilen Bereich sind Bankgeschäfte sowie der Onlineeinkauf für den Anwender bequemer geworden. Allerdings sind die wenigsten Smartphones mit einer Virensoftware ausgestattet. Eine Infizierung des Gerätes, beispielsweise über ein Schadprogramm oder eine manipulierte App, ist ohne großen Aufwand möglich.

V Internetbanking, Onlinebanking

Abigail Pichel, Technical Communications Specialist bei „Trend Micro", stellt in einem Aufsatz über die Sicherheit im mobilen Banking fest, dass sich ca. 42 % der Phishingseiten im mobilen Bereich auf den Finanz- und knapp 25 % auf den Einkaufsbereich erstrecken.[36] Vorschub für den Täter leistet der Nutzer auch mit der unkritischen Einwahl in öffentliche und unverschlüsselte WLAN-Netze bzw. Hotspots, indem ein Mitlesen der Kommunikation im öffentlichen Raum möglich wird.

In Deutschland wird das PhotoTAN-Verfahren noch von wenigen Banken angeboten. Eine sicherere Alternative stellt das von den Banken für Kunden ohne Mobiltelefon angebotene externe Lesegerät dar. Dies arbeitet netzautark und kann dementsprechend nicht manipuliert werden.

4.9 qrTAN (Quick-Response-Code-TAN)

Abbildung 8: Darstellung eines QR-Codes.

Ein ähnliches Verfahren wie die photoTAN stellt die qrTAN dar. Voraussetzung ist ebenfalls das Laden einer Applikation auf das mobile Endgerät des Bankkunden. Nach der Aktivierung mit einem durch die Bank per Post zugesandten Code und der Vergabe eines Passwortes für die App ist das System funktionsbereit. Nach der Eingabe der

---

36 Vgl. The Ghost in the (Portable) Machine: Securing Mobile Banking, https://blog.trendmicro.com/trendlabs-security-intelligence/author/abigail-pichel/page/4/, unter der Rubrik „TrendLabs Security Intelligence Blog → Mobile" (zuletzt aufgerufen 22.4.2020).

Überweisungsdaten am PC wird mit dem Smartphone anstatt des Mosaikbildes der auf der Bankhomepage angebotene **QR-Code** gescannt. Die Anwendungssoftware zeigt dann die Grunddaten der Überweisung an. Für den Abschluss der Transaktion kann der Kunde zwischen dem halbautomatischen oder dem manuellen Verfahren wählen. Zum **halbautomatischen Verfahren** ist eine Mobilfunk- oder WLAN-Verbindung notwendig. Über die App wird eine verschlüsselte Verbindung aufgebaut und die Daten verschlüsselt zwischen Kunde und Bank ausgetauscht. Abgeschlossen wird der Geldtransfer am PC. Bei **manuellen Verfahren** errechnet das auf dem Mobiltelefon installierte Anwendungsprogramm eine herkömmliche TAN, die der Bankkunde über die PC-Tastatur auf der Bankseite einträgt und den Geschäftsvorgang freigibt. Schwachstelle bei diesem Verfahren ist ebenso wie bei der photoTAN das benutzte Smartphone. Allerdings wird dieses System zurzeit lediglich von wenigen angeboten.

4.10 NFC-TAN

Hierbei handelt es sich um ein neues Online-Banking-Verfahren, das ein NFC-fähiges Smartphone und eine NFC-fähige Bankkarte verwendet. Dieses Verfahren gilt als „Ableger"[37] der Near Field Communication („Nahfeldkommunikation") und wurde von der Universität Tübingen zusammen mit GFT Technologies AG als Vertriebs- und Implementierungspartner entwickelt.[38]

Der Kunde trägt wie gewohnt seine Transaktionsdaten auf der Webseite ein. Im Anschluss wird ein QR-Code angezeigt, der mit der jeweiligen Bank-App gescannt werden muss. Die Überweisung muss nun nochmals bestätigt werden. Die NFC-fähige Bankkarte muss an das NFC-fähige Smartphone gehalten werden. Die Bankkarte berechnet nun die TAN und sendet diesen über NFC an das NFC-fähige Smartphone. Dort wird die TAN nun angezeigt, welche in die Onlinemaske einzugeben ist. Die Überweisung gilt nun als autorisiert.

Vorteil hier: Keine Bedrohung durch PC-Malware oder Phishingangriffe. Denkbar sind jedoch wieder Angriffe, die die Schwachstelle Mensch ausnützen. Von der Malware vorgespielte erforderliche Syn-

---
37 Sogenanntes Spin-off.
38 Siehe NFC-TAN unter www.nfc-tan.com (zuletzt aufgerufen 22.4.2020).

chronisationen, „Fehlüberweisungen" oder nicht gewissenhafte Überprüfung der am Smartphone angezeigten Transaktionsdaten können auch hier die hohe Sicherheit möglicherweise aushebeln.

5. Weitere Manipulationsmöglichkeiten

5.1 Man-in-the-middle-Attacke, Man-in-the-browser-Attacke

Unerlässlich für einen guten Ruf der Banken sowie die Zufriedenheit der Kunden, die Onlinebanking anwenden, ist die Verschlüsselung aller Transaktionen zwischen den beiden Partnern. Persönliche Daten können dann auf dem Weg zwischen Bank und Kunden kaum eingesehen und verändert werden. Möchten Täter erfolgreich den Transaktionsvorgang manipulieren, müssen sie beide Übertragungskanäle ausspionieren. Sie brauchen die Kontrolle über den Computer, mit dessen Hilfe der Kunde auf verschlüsseltem Wege mit der Bank in Verbindung tritt. Und sie müssen die Rückmeldungen auslesen, welche die Bank an den Kunden zurücksendet. Hierunter fällt beispielsweise die TAN, die für eine Transaktion generiert wurde. Gelingen kann dies, indem der Angreifer die Verifikation der Transaktionspartner (Bankhomepage sowie absendendes Endgerät) unterbricht und den Beteiligten falsche bzw. verfälschte Verifizierungsschlüssel übersendet und jeweils dem anderen vorgaukelt, er wäre die Bank bzw. der Kunde. Dabei steht er physikalisch oder logisch zwischen dem Kunden und „seiner" Bank. Mit seinem System (gekaperter PC als Teil eines Botnetzes sowie der Schadsoftware auf dem Kundenrechner) kontrolliert und manipuliert er automatisiert die Abläufe zwischen den beiden Parteien. Den größten Erfolg mit der **Man-in-the-middle-Attacke** (MITM-Attacke) kann ein Täter dann haben, wenn die Verifizierung über ein unsicheres lokales Netz erfolgt, das beide Partner nutzen, oder durch die Manipulation der host-Datei auf dem Rechner des Bankkunden.

Eine weitere Form der MITM-Attacke ist die **Man-in-the-browser-Attacke**. Hier wird ein Schadprogramm auf dem Rechner des Kunden platziert, das sich in den Browser einnistet. Hier erkennt es automatisiert die Übermittlung von persönlichen Zugangsdaten, PIN- und TAN-Nummern. Noch während der Bankkunde die von ihm gewünschten Transaktionsdaten eingibt, ändert der Täter in Echtzeit die Datensätze zu seinen Gunsten um. Der Angriff wird daher auch als **Echtzeit-Trojaner** bezeichnet. Der Bankkunde bekommt von dieser Datenänderung allerdings nichts mit. Selbst wenn er nach getätigter Überweisung seine Umsätze online betrachtet, ist dort die von ihm gewünschte Buchung hinterlegt. Der von ihm gewünschte Umsatz findet sich auch rechnerisch richtig im Saldo wieder. Erst wenn der Bankkunde Kontoauszüge drucken lässt oder seine Umsätze online an einem nicht infizierten Rechner betrachtet, stellt er die betrügerische Buchung fest. Der Echtzeit-Trojaner ist also in der Lage, den Kontostand online entsprechend zu manipulieren.

5.2 ARP-Spoofing

Eine Möglichkeit besteht darin, dass ein Angreifer die ARP-Tabellen (Address Resolution Protocol) manipuliert. Hierbei wird dem angegriffenen Rechner mitgeteilt, dass sich die ARP-Adresse (auch MAC-Adresse) des vermeintlichen Absenderrechners geändert hat und das mitgelieferte Protokoll die neue Adresse enthält. Durch diese Manipulation wird dafür gesorgt, dass der gesamte Datenverkehr über den PC des Angreifers umgeleitet wird. Er kann dann die empfangenen Datenpakete auswerten, in seinem Sinne verändern und diese im Anschluss an den ursprünglichen Empfänger weiterleiten. Um die Warnmeldung des Browsers über ein ungültiges Zertifikat zu umgehen, muss er lediglich den jeweiligen Absenderrechner daran hindern, das Verschlüsselungsprotokoll aufzubauen. Dieser Vorgang wird **ARP-Spoofing** genannt. Allerdings setzt diese Art des Man-in-the-middle-Angriffs eine permanente Live-Überwachung des Datenverkehrs voraus, so dass der Täter jederzeit reagieren kann.

5.3 DNS-Spoofing, Pharming

Als Weiterentwicklung des Phishings gilt das **Pharming**. Aktuell ist hier unter anderem die Manipulation des „Domain Name Systems – (DNS)", einem Netzwerkdienst, welcher der Domain eine IP-Adresse zuweist. Um sich im Internet mit anderen Rechnern oder Servern zu verbinden wird der über die Tastatur eingetragene Domainnamen (URL), beispielsweise volksbank-x-stadt.de, in eine IP-Adresse umgewandelt. Bevor jedoch der DNS-Server angefragt wird, ob diese IP-Adresse existent ist, werden durch das Betriebssystem des PC eigene (host-)Dateien durchsucht, ob dort diese IP-Adresse aus früheren Kontakten bereits gespeichert ist. Auch moderne Betriebssysteme, wie beispielsweise Windows 10, haben noch immer diese host-Datei verankert,[39] obwohl dort kaum mehr Einträge vorzufinden sind. Selbst IPv6 wird hier unterstützt. Durch die Schnelligkeit des Internets werden heutzutage meist immer DNS-Anfragen in Echtzeit durchgeführt.

Gelingt es dem Täter nun, dem DNS gegenüber seine IP-Adresse als die der Volksbank in x-Stadt auszugeben, wird der gesamte Datenverkehr vom Rechner des Kunden auf eine gefälschte Website umgeleitet, von der er glaubt, dass es sich um die Seite „seiner" Bank handelt. Schließlich hat er den üblichen Domainnamen richtig eingetippt. Die Eingaben des vermeintlichen Kunden bei seiner Hausbank werden vom Täter entsprechend geändert und weiter an den regulären Server der Bank geleitet. Von dieser erhält er dann die entsprechende Antwort, die er wiederum – falls nötig – an den vermeintlichen Bankkunden weitergibt. Auch hier setzt die MITM-Attacke auf die Dauerüberwachung des Datenverkehrs, damit der Angriff im richtigen Zeitpunkt gestartet werden kann.

Diese Angriffsarten dürften aktuell nicht mehr so präsent sein, da bei den überwiegenden TAN-Verfahren sowohl das Empfängerkonto als auch der zu überweisende Geldbetrag übermittelt wird. Der aufmerksame Bankkunde wird daher die Manipulation erkennen. Diese Manipulationsmöglichkeiten sind jedoch dann noch von Interesse, wenn der Täter in den Besitz der TAN beispielsweise in Form einer SMS kommen kann. Hierfür sind dann entsprechende Angriffe erforderlich.

6. Strafrechtliche Relevanz

Bei der Prüfung der Tatbestände kommt der Bestimmung von Tateinheiten, Tatmehrheiten und Konkurrenzen sowie Qualifizierungen eine entscheidende Bedeutung zu:

---

39 C:WindowsSystem32driversetchosts.txt.

§ 202c StGB (Vorbereiten des Ausspähens (§ 202a StGB) und Abfangens von Daten (§ 202b StGB)) Um Angriffe auf Computer zu starten, werden von der Täterschaft entsprechende Programme benötigt, die auf den auszuspionierenden PC geschleust werden müssen. Dort entfalten sie ihre Wirkung und liefern die vom Täter benötigten Daten. Mit der Vorschrift führt der Gesetzgeber einen Vorbereitungstatbestand ein. Es wird also eine Handlung des Täters vor der eigentlichen Tatausführung kriminalisiert. Allerdings wird damit auch eine kritische Diskussion über die Strafbarkeit von Administratoren eröffnet, die mit denselben Tools die Sicherheit beispielsweise von Firmennetzwerken überprüfen. Bei den Ermittlungen wird es deshalb notwendig sein, die objektive Zweckbestimmung der angewandten Software sowie die subjektive Einstellung des Täters intensiv zu prüfen und den Vorsatz sauber zu dokumentieren. Allein die Möglichkeit, eine Sicherheitssoftware auch als Schadsoftware einzusetzen (**dual-use-tool**), erfüllt nicht den Tatbestand der Vorschrift (BVerfG, 2 BvR 2233/07 vom 18.5.2009, Absatz-Nr. 1-77).

§ 303b Abs. 5 StGB (Computersabotage) verweist auf § 202c StGB, wenn Vorbereitungshandlungen getroffen werden zur erheblichen Störung einer Datenverarbeitung, die für einen anderen von wesentlicher Bedeutung ist, indem diese gelöscht, unterdrückt, unbrauchbar gemacht oder verändert wird, Daten eingegeben oder übermittelt werden, um absichtlich einem anderen einen Nachteil zuzufügen oder eine Datenverarbeitungsanlage oder ein Datenträger zerstört, beschädigt, unbrauchbar gemacht, beseitigt oder verändert wird.

§ 263a Abs. 3 StGB (Vorbereitung eines Computerbetrugs): Sowohl § 202c als auch § 303b Abs. 5 StGB sind von Bedeutung, wenn Schadsoftware zum Zwecke der Begehung eines Computerbetruges (§ 263a Abs. 1 StGB) beschafft bzw. hergestellt, Vorbereitungen für DNS-Angriffe (beispielsweise DNS-Spoofing) getroffen oder Comand-and-Control-Server im Rahmen eines Botnetzes eingerichtet werden, ohne dass diese zunächst aktiv werden. Entscheidend ist auch hier wieder der Wille des Täters.

Wird die Schadsoftware mit der Zielrichtung, einen Computerbetrug zu begehen, auf dem Rechner installiert und verschleiert, so dass sie nicht sofort erkannt werden kann, oder wenn die Malware noch nicht zum Einsatz kam, aber über die Backdoor für einen Einsatz bereits mit einem Update versehen wird, sind neben **§ 263a Abs. 3 StGB** i.V.m § 263 Abs. 2 StGB (versuchter Computerbetrug) und **§ 303b Abs. 1 Nr. 1** oder **2 StGB** (Computersabotage) auch der **§ 202a StGB** (Ausspähen von Daten) sowie **§ 303a StGB** (Datenveränderung) zu prüfen.

Wird durch den Kunden die Banksitzung begonnen, indem er über den Browser die Seite seiner Hausbank aufruft und seine Zugangsdaten (Passwort und PIN) eingibt, und das Schadprogramm protokolliert diese Daten mit, kommt **§ 202b StGB** (Abfangen von Daten) zur Prüfung.

Im weiteren Verlauf steht das Schadprogramm in Kontakt mit einem durch den Täter gesteuerten PC und kontrolliert die Kommunikation zwischen dem Kunden- und dem Bankrechner. Die Informationen werden jeweils von der einen Seite abgefangen, an die Täterschaft weitergeleitet, manipuliert, und an die jeweils andere Seite in der manipulierten Form weitergeleitet.

§ 274 Abs. 1 Nr. 2 StGB (Urkundenunterdrückung) kommt in Betracht, wenn die Rückmeldung der Bank nach dem Kundenlogin unterdrückt wird, um der Schadsoftware die Möglichkeit einzuräumen, sich als Bankseite auszugeben.

Geschieht dies und der Bankkunde nimmt an, die Daten für eine Transaktion in die Originalseite der Bank einzutragen, tatsächlich werden die Daten jedoch abgefangen (§ 202b StGB) und über einen anderen Rechner manipulierte Überweisungsaufträge an die Bank übermittelt: **§ 263a Abs. 1 und 2 StGB** (versuchter Computerbetrug) und **§ 269 Abs. 1 und 2 StGB** (versuchte Fälschung beweiserheblicher Daten). Reagiert die Bank auf die manipulierten Daten in der Annahme, im Kundenauftrag zu handeln, liegt kein Versuch der Fälschung beweiserheblicher Daten mehr vor, sondern der Tatbestand ist erfüllt.

Im nächsten Schritt wird die Bank vom Kunden eine Transaktionsnummer anfordern, die den Überweisungsvorgang abschließt. Auch diese Nachricht wird vom Täter abgefangen (§ 202b StGB). Zusammen mit den manipulierten Kontodaten (Inlands-/Auslandsüberweisung, Kontonummer, Bankleitzahl und Höhe des Überweisungsbetrages bzw. SEPA-Überweisung mit IBAN Teil 1 und Teil 2, Betrag) an den Kunden weitergeleitet. Zu prüfen ist hier **§ 274 Abs. 1 Nr. 2 StGB** (Urkundenunterdrückung).

Im folgenden Schritt bestätigt der Kunde die Daten mit der generierten iTAN und sendet die Bestätigung an die Bank. Der Täter fängt auch diese Nachricht ab (§ 202b StGB) und trägt sie in die durch ihn selbst erzeugte Überweisung ein.

Die Bank schließt den Vorgang ab und nimmt eine Vermögensverfügung zum Nachteil des Bankkunden vor, indem sie Geld auf das Täterkonto überweist: **§ 263a Abs. 1** StGB (Computerbetrug). Eine Qualifizierung des Deliktes ist möglich nach **§ 263a Abs. 2 i. V. m. § 263 Abs. 3** bis **7 StGB**.

Wird dem Bankkunden zur Preisgabe seiner iTAN eine gefälschte Sicherheitsüberprüfung der Bank vorgetäuscht, die er durch Eingabe einer Transaktionsnummer bestätigen müsse, sind **§§ 296 Abs. 1** und **263 Abs. 1 StGB** zu prüfen.

7. Zivilrechtliche Relevanz

§ 675u BGB Haftung des Zahlungsdienstleisters für nicht autorisierte Zahlungsvorgänge.

§ 675v Abs. 1, 2 BGB Haftung des Zahlers bei missbräuchlicher Nutzung eines Zahlungsauthentifizierungsinstruments.

§ 675l BGB Pflichten des Zahlers in Bezug auf Zahlungsauthentifizierungsinstrumente. Zur Heranziehung der jeweiligen Vorschrift ist es notwendig, zu ermitteln, aufgrund wessen Pflichtwidrigkeit der Schaden entstanden ist: dem Kunden oder der Bank.

V Internetbanking, Onlinebanking

8. Checkliste für die Ermittlungspraxis

- ✓ Der **erste Angriff** erfolgt durch die Schutzpolizei, die Endsachbearbeitung durch die Kriminalpolizei.
- ✓ Zeugenvernehmung: Welches Onlinebanking- und TAN-Verfahren wird vom Geschädigten genau verwendet?
- ✓ Mit welchem Endgerät wurde Onlinebanking durchgeführt (z. B. Tablet, Smartphone, Computer)?
- ✓ Rücksprache mit der Fachdienststelle bzw. Beachtung der örtlichen Besonderheiten in Bezug auf eine digitale Forensik beim Geschädigten-Rechner.
- ✓ Gab es Auffälligkeiten zu den bisherigen Überweisungen (z. B. Fehlbuchung, Synchronisierung des TAN-Generators, Rückbuchung einer Fehlüberweisung etc.)?
- ✓ Bei Verwendung mTAN: Gab bzw. gibt es Netzprobleme? Wurde die SIM anlässlich des Vorfalls ausgetauscht? Sind Bank-SMS noch vorhanden, die nicht vom Geschädigten stammen?
- ✓ Einverständniserklärung des Geschädigten ggü. seinem Telefonprovider zur Auskunft unterzeichnen lassen.
- ✓ Kopie der betrügerischen Überweisung mit den genauen Bankdaten des Geldempfängers.
- ✓ Anweisung, den offensichtlich mit einem Schadprogramm verwendeten Computer zu analysieren (Virenscanner). Da Malware oft Hintertürchen (sog. Backdoors) hinterlässt, empfiehlt es sich, den kompletten Rechner neu aufzusetzen. Vorher sollte die Festplatte sicher gelöscht werden, da durch die normale Formatierung die Möglichkeit besteht, dass der Virus nicht überschrieben wird und nach Neuinstallation des Betriebssystems wieder aktiv wird.

9. Präventionsmaßnahmen

Auf jedem Rechner (PC, Tablet oder Laptop), mit dem Netzinhalte abgerufen werden, muss eine Virenschutzsoftware installiert sein. Diese muss, ebenso wie das Betriebssystem des Rechners, durch Updates aktuell gehalten werden. Mit der Virenschutzsoftware sollte nicht nur die aktuelle Sitzung am PC überwacht, sondern Festplatte und Speichermedien regelmäßig gescannt werden. Ferner sollten eigene, nachdem sie an fremden Rechnern benutzt wurden, und vor allem fremde Speichermedien (USB-Stick, DVD/CD, externe Festplatte) vor dem Öffnen auf Viren geprüft werden. Zudem muss eine Firewall installiert sein.

Für jede Anwendung sollte ein eigenes Passwort generiert worden sein. Das Passwort nicht auf dem PC speichern bzw. neben dem PC verwahren.

Für Benutzer des PC sollten eigene Benutzerkonten ohne Administratorenrechte eingerichtet werden. Der Administrator erhält ein eigenes Konto. Alle Konten sollten jeweils mit einem Passwort versehen werden.

Darüber hinaus sollte beim Surfen im Netz genau gelesen werden, ob nach dem Seitenaufruf auch in der Adresszeile die Mailadresse steht, die besucht werden sollte.

Durch einen Blick auf die Adresszeile kann festgestellt werden, ob die Übertragung der Daten verschlüsselt durchgeführt wird. Der eigentlichen ist das Kürzel „https (Hyper Text Transfer Protocol Secure)" vorangestellt. Zudem wird ein Vorhangschloss dargestellt. Wird mit dem Mauszeiger darauf gezeigt, werden der Inhaber der Seite sowie die Verifizierung der Seite angezeigt. Durch einen Klick auf das Symbol wird ein Textfeld mit ausführlicheren Informationen eingeblendet.

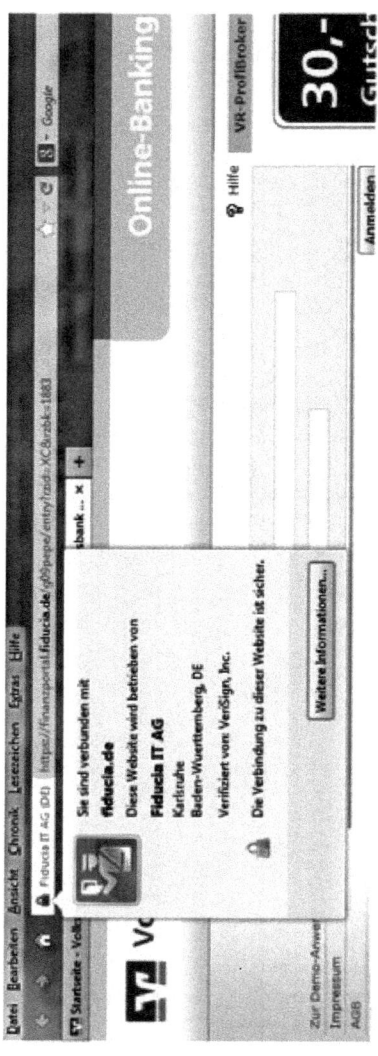

Abbildung 9: Nach Anklicken des grünen SSL-Schlosses, werden die Details des verwendeten Zertifikats sichtbar.

Mit einem weiteren Klick gibt es mehr Informationen zur Sicherheit der Seite, dem Grad der Verschlüsselung, gespeicherten Cookies sowie der Gültigkeit des Zertifikats.

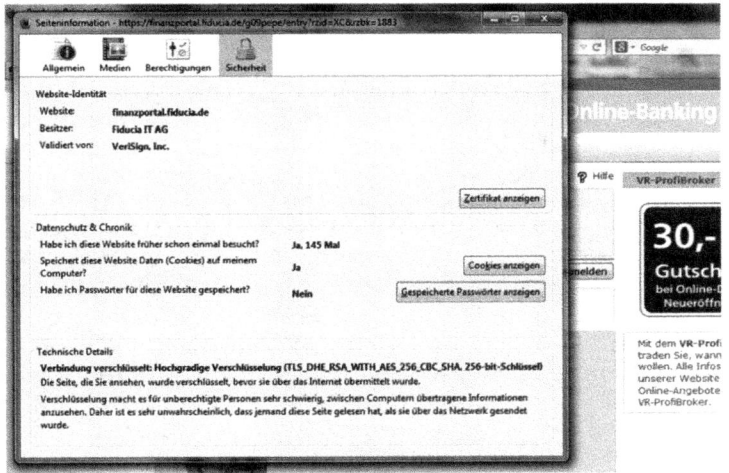

Abbildung 10: Nach der Anwahl von „Weitere Informationen" (vgl. Abbildung 9) erhält man weitere Details zum Zertifikat.

Die in Webseiten (auch in seriösen) eingebundenen Links nicht wahllos anklicken. Ebenso unterlassen werden sollte das Anklicken von angebotenen Links, in denen der Bankkunde aufgefordert wird, darauf zu klicken, den Angaben zu folgen und Eingaben zu tätigen, um vorgeblich die Sicherheit des Onlinebankings zu verbessern oder sein eigenes Konto zu bestätigen. Sollten Zweifel am Wahrheitsgehalt der Aufforderung aufkommen, sollte bei der Bank nachgefragt werden. Allerdings sollte die Telefonnummer selbst nachgeschlagen bzw. die Mailadresse benutzt werden, die einer offiziellen Bankinformation (Vertragsabschluss, Flyer o. ä.) entnommen wurde.

TIPP:
Auf dem Rechner befindliche Daten sollten regelmäßig extern gespeichert werden.

VI. Skimming

1. Phänomenbeschreibung

Als Skimming wird der Vorgang des **elektronischen Auslesens des Magnetstreifens** einer Bank- oder Kreditkarte bezeichnet (englisch „to skim" – für abschöpfen, absahnen). Um dies zu ermöglichen, wird der Geldautomat manipuliert, indem entweder eine Leseeinheit aus Kunststoff (der **Skimmer**) über dem Karteneinzugsschacht angebracht oder eine nachgebaute komplette Front vor das Bedienfeld des Automaten gesetzt wird, in welcher der Skimmer verbaut ist (**front covering**). Eine weitere Möglichkeit ist die Installation eines Kartenlesers am Türöffner im Eingangsbereich des Geldinstituts. Mit der Hilfe dieser Bauteile werden die Daten aus dem Magnetstreifen der eingeführten Karte ausgelesen. Im Anschluss werden sie direkt in den Anbaugeräten zwischengespeichert und beim Ausbau mitgenommen oder per Funk oder Bluetooth-Verbindung an ein in der Nähe platziertes Notebook übertragen. Die so erlangten Daten werden dann auf einen **Kartenrohling** (white plastic) aufgebracht.

Verfügungen können mit Geldkarte aber nur vorgenommen werden, wenn der Benutzer sich entweder mit seiner PIN (Abhebungen am Geldautomaten oder Bezahlen am POS-Terminal[40]) oder seiner Unterschrift (Bezahlen im Lastschriftverfahren) identifiziert. Deshalb ist es für den Täter notwendig, auch in den Besitz der PIN zur zugehörigen Karte zu kommen. Diese wird in der Regel bei der Eingabe am Automaten mit einer Minikamera in einer Leiste über dem Tastaturfeld abgefilmt oder mit einem über der Tastatur des Eingabefeldes befestigten Aufsatz abgegriffen. In wenigen Einzelfällen wird sie auch direkt während des Eintippens durch einen Täter ausgespäht. Beide zusammen, also Kartendaten und PIN ergeben den so genannten **Dump**. Allerdings sind die Skimmingattacken in Deutschland rückläufig. Im ersten Halbjahr 2019 wurden lediglich 170 manipulierte Geldausgabeautomaten festgestellt. Im Gesamtjahr 2018 waren es noch 449. Der Schaden sank im Berichtszeitraum der European Asso-

---

[40] POS: Point of Sale.

ciation for Secure Transactions (EAST) auf ein Rekordtief von 592.000 Euro. Den Erfolg der gesunkenen Angriffe schreibt die EAST den verbesserten Sicherheitstechnik an den Automaten und der Tatsache zu, dass im europäischen Zahlungsverkehrsraum Daten nicht mehr vom Magnetstreifen, sondern vom Chip auf der Karte gelesen werden[41].

Daneben sind Bezahlkarten von deutschen Ausgabestellen bei Tätern beim Einsatz im Ausland ebenfalls sehr beliebt. Spitzenreiter waren im Zeitraum von Januar bis Dezember 2019 nach einer Studie der „Euro Kartensysteme GmbH" Indien, Indonesien und die USA.[42]

Schwachstellen der betroffenen Debit- (früher EC-)Karten oder Kreditkarten sind die **Magnetstreifen**, auf dem die für die Transaktionen am Geldautomaten oder beim Bezahlen im Geschäft notwendigen Daten gespeichert werden. Diese können ohne großen Aufwand ausgelesen werden. Die Technik hierzu kann bei Onlinehändlern im Internet als Baukasten mit der dazu notwendigen Software bestellt werden.

Im Gegensatz zum Magnetstreifen, der lediglich die Funktion eines passiven Speichermediums hat, sind Karten mit dem seit 1.1.2005 eingeführten **EMV-Standard** mit einem Mikroprozessor ausgestattet. Entsprechend ausgerüstete Geldautomaten als auch Bezahlterminals tauschen die zur Transaktion notwendigen Daten ausschließlich verschlüsselt aus. Diese kann nach den Angaben der Herstellerfirma *EMVCo*[43] nicht ausgelesen werden und sind vor Manipulationen und Kopieren geschützt. Ebenso kann die Karte selbst nicht gefälscht und im Anschluss eingesetzt werden, da die Karte bei jedem Einsatz auf Echtheit überprüft wird. Diese Überprüfung sowie die Verifizierung der zugehörigen PIN kann auch Offline durchgeführt werden.

Die Abkürzung EMV stehen für die drei Unternehmen, welche den Standard entwickelt haben. Neben *Europay International* gehören

---

41 Siehe „ATM malware and logical attacks fall in Europe", in: „European Payment Terminal Crime Report" v. 9.10.2019 unter https://www.association-secure-transactions.eu/atm-malware-and-logical-attacks-fall-in-europe/ (zuletzt aufgerufen 22.4.2020).
42 Siehe Euro Kartensysteme GmbH, Frankfurt „Debitkarten Schadensstatistik 2019" unter https://www.kartensicherheit.de/oeffentlich/aktuelles/alle-artikel/artikel-2020/debitkarten-schadensstatistik-2019.html (zuletzt aufgerufen 22.4.2020).
43 Siehe „A Guide to EMV Chip Technology", www.emvco.com (zuletzt aufgerufen 22.4.2020).

Mastercard und *Visa* dazu. Grundsätzlich zielt die Entwicklung von EMV auf die sichere Zahlungsabwicklung bzw. Geldabhebungen ab. Dies kann durch das Einführen der Karte in ein Lesegerät oder aber auch berührungslos erfolgen, in dem die Bezahlkarte oder ein Smartphone jeweils mit integriertem Chip im Abstand von maximal 4 cm an ein entsprechendes Terminal gehalten wird. Neben der reinen Abwicklung von Geldabhebungen und Bezahlvorgängen können als Zusatzfunktionen auch Daten gespeichert werden, der Chip für elektronische Tickets bzw. Zugangsberechtigungen oder für Bonusprogramme eingesetzt werden. Seit dem 1.1.2011 müssen in der EU (SEPA-Raum) alle Geldautomaten und Bezahlterminals mit dem EMV-Standard ausgerüstet sein. Haben Banken oder Händler die Einführung verpasst, haften sie für möglicherweise für einen entstandenen Schaden. Mit dieser Haftungsumkehr soll ferner Druck dahingehend ausgeübt werden, dass auch außerhalb des SEPA-Raumes der EMV-Standard eingeführt wird.

Tatsächlich gibt es noch immer einige wenige Anbieter, welche die notwendigen Daten weiterhin auf einem Magnetstreifen speichern. Um die Datenkopien am Geld- bzw. auch Bezahlautomaten zu verhindern, setzen Banken, Automaten- und Kartenhersteller auf unterschiedliche technische Variationen. Möglich ist der Einbau von Induktionsspulen. Diese erkennen ein am Karteneinzugsschacht angebrachtes Auslesegerät und veranlassen die Abschaltung des Automaten. Allerdings reagieren diese ebenfalls auf andere Metalle, die zufällig oder auch beabsichtigt vor den Einzugsschacht gehalten werden. Auch in diesen Fällen wird dann der Automat abgeschaltet.

Eine andere Technik ist der Einsatz eines modulierten Wechselmagnetfeldes am Karteneinzugsschacht. Dieses bewirkt die Störung des Magnetkopfes des illegal angebrachten Kartenauslesegeräts und verhindert das Auslesen der Daten am Magnetstreifen. Damit dieser keinen Schaden nimmt, wird das Wechselmagnetfeld ausgeschaltet, wenn die Karte komplett eingezogen ist.

Eine weitere Schutzeinrichtung ist das so genannte **Jittering**. Bei dieser Technik wird die Karte beim Einzug ruckartig hinein- und heraus bewegt. Damit wird bei Geräten, welche die Daten in binärer Form auslesen, die Synchronisation des Magnetstreifens mit der Skimmingeinrichtung verhindert. Keinen Schutz bietet dieses Verfahren, wenn die Daten in der Rohform ausgelesen werden. Die „Pause" bzw. der Sprung in der Aufzeichnung, die durch das wieder Hinausbewegen der Karte aus dem Einzugsschacht entsteht, kann von den Tätern in diesem Fall problemlos eliminiert und die Daten wieder vollständig zusammengesetzt werden.

Ein Zusammenspiel zwischen Karte und Geldautomat stellt die Umsetzung des moduliert maschinenlesbaren Merkmals – MM-Merkmal dar. In den Karten von derzeit überwiegend deutschen Ausgabestellen werden dielektrisch unterschiedliche Materialien verwandt. Diese lassen sich kapazitiv abtasten. Im Geldautomaten werden diese Daten, der MM-Code, mit den Informationen des Magnetstreifens verknüpft. Stimmen diese nicht überein, wird die Karte abgewiesen, eine Geldabhebung ist nicht möglich. Zurzeit wird dieses System aus Kostengründen im Ausland nicht angewandt.

2. Straftaten, die ebenfalls in Zusammenhang mit einem Geldautomaten stehen

2.1 Jackpotting

Anstatt sich Geld per gescimmten Daten vom Geldautomaten zu besorgen, manipulieren Täter in letzter Zeit den Automaten gleich selbst. Entweder sie spielen einen Schadcode, beispielsweise „Cutlet-Maker", auf oder verbinden sich mit einem eigenen Laptop oder Tablett mit dem Automaten um ihn zu steuern. Beides geschieht über die (meist schlecht gesicherte) Wartungsbuchse (USB-Port) des Geldausgabeautomaten. In beiden Fällen ist es möglich, den so genannten Dispenser zu manipulieren – das Bauteil, welches das Geld vom Tresor zum Ausgabeschacht transportiert. Durch diese Beeinflussung wird so lange Geld ausgegeben bis der Automat geleert ist. Die Eingabe von Beträgen ist nicht notwendig. Daher rührt auch der Name „Jackpotting" für diese Art der Manipulation.

Um die Geräte vor dieser Methode zu sichern, sollte in erster Linie verhindert werden, dass von außen auf die Windowsoberfläche zugegriffen werden kann. Dies kann durch die Sicherung der Oberfläche selbst sowie den Ports geschehen. Zudem sollten – wie bei privaten Rechnern auch – alle Patches auf dem aktuellsten Stand sein. Darüber hinaus bedarf es der Verschlüsselung der Kommunikation zwischen der Elektronik des Automaten und dem Dispenser. Und schließlich sollte die Festplatte verschlüsselt werden.

2.2 Cash Trapping

Der Schacht am Geldautomaten für die Geldausgabe wird von der Täterschaft so präpariert, dass das Geld darin hängen bleibt und nicht herausgegeben wird. Der Kunde geht von einem entsprechenden Defekt des Gerätes aus und entfernt sich. Daraufhin entnimmt die Täterschaft das Geld aus dem Schacht.

2.3 Loop-Trick

Die Öffnung des Karteneinzuges wird mit einem dünnen, reißfesten Band so manipuliert, dass die Karte nach der Geldabhebung vom Automaten nicht mehr ausgegeben wird, sondern im Schacht zurückgehalten wird. Ein „freundlicher Passant" kommt zur Hilfe und schlägt vor, erneut die PIN einzugeben um den Vorgang nochmals zu starten. Da die Karte auch mit dieser Vorgehensweise nicht ausgegeben wird, geht der Kunde mit entsprechender Überzeugung durch den freundlichen Passanten von einem Defekt des Gerätes aus und verlässt den Bereich des Geldautomaten. Der Täter entnimmt daraufhin die zurückgehaltene Karte und hebt mit der ihm durch Täuschung bekannt gewordenen PIN Bargeld an einem anderen Automaten ab.

3. Strafrechtliche Relevanz

Wie im Kapitel „Phishing" bietet es sich auch bei der Thematik „Skimming" an, den gesamten Ablauf in einzelne Tatkomplexe aufzuteilen. Diese Einteilung verschafft nicht nur einen besseren Überblick über die Tatbestände der verschiedenen Tathandlungen, sondern auch über unterschiedliche Möglichkeiten der arbeitsteiligen Tatbeteiligung. Gerade bei der Tatbeteiligung gibt es mannigfache Konstellationen, die in unterschiedlichsten Publikationen und Kommentaren ausführlich abgehandelt wurden. Einen guten Überblick über Beteiligungsformen mit weiteren Verweisungen gibt das „Beteiligungsmodell beim arbeitsteiligen Skimming" von *Dieter Kochheim*.[44] An dieser Stelle werden die unterschiedlichsten Beteiligungsformen lediglich kurz vorgestellt.

Die Tatkomplexe können eingeteilt werden in

- Verschaffen bzw. Herstellung der Technik
- Ausspähen von Magnetstreifen und PIN
- Herstellung der Kartendubletten
- Einsatz der Kartendubletten
- Verteilung der Tatbeute

Verschaffen bzw. Herstellung der Technik

Lesegeräte für das Auslesen der Magnetstreifen („Skimmer")

§ 152b Abs. 5 StGB[45] (Fälschung von Zahlungskarten mit Garantiefunktion und Vordrucken für Euroschecks) **i. V. m. § 149 Abs. 1 Nr. 1 StGB** (Vorbereitung der Fälschung von Geld und Wertzeichen) Zunächst erwerben die Täter aus dem regulären Handel Lesegeräte für Magnetstreifen. Diese bauen sie für ihre Zwecke um und versehen sie zum Beispiel mit einer Batterie für die autarke Stromversorgung und mit einem Speichermodul oder einer Sendeeinrichtung, um die ausge-

---

44 Vertiefend „Skimming – Hintergründe und Strafrecht", S. 24 ff., 51 ff., https://www.cyberfahnder.de/doc/Kochheim-Skimming-V3.pdf (zuletzt aufgerufen 22.4.2020).

45 Die Täterschaft macht sich nach § 152b Abs. 5 StGB strafbar, wenn sie Daten von Zahlungskarten mit Garantiefunktion ausliest bzw. solche Taten durch Herstellung bzw. sich Verschaffen geeigneter Geräte vorbereitet. Karten mit Garantiefunktion sind Kreditkarten, Euroscheckkarten und sonstige Karten, die es ermöglichen, den Aussteller im Zahlungsverkehr zu einer garantierten Zahlung zu veranlassen, und die durch Ausgestaltung oder Codierung besonders gegen Nachahmung gesichert sind. Hierunter fallen auch Maestro-Karten (*BGH* Beschl. v. 13.10.2011, Az.: 3 StR 239/11, unter http://juris.bundesgerichtshof.de/cgi-bin/rechtsprechung/document.py?Gericht=bgh&Art=en&sid=d36a4118a5778c2c9ed8e63bd3da6b4b&nr=59384&pos=0&anz=1). Darüber hinaus gibt es Karten, die in einem so genannten „Clearingverfahren", einem Verfahren, mit dem die Banken unter Einbezug einer Verrechnungsstelle Bankgeschäfte abwickeln, ebenfalls mit einer Garantiefunktion belegt sind. Ob die Täter diese Garantiefunktion mit den hergestellten Dubletten auch nutzen wollen, ist unerheblich. Für Karten ohne Garantiefunktion, also solche, die von einem Kreditinstitut oder Finanzdienstleistungsinstitut herausgegeben wurden und durch Ausgestaltung oder Codierung besonders gegen Nachahmung gesichert sind, gilt die Strafvorschrift des § 152a StGB. Da die Fälschung von Zahlungskarten mit Garantiefunktion nach § 152b StGB den Hauptfall darstellen dürfte, wird im Abschnitt „Strafrechtliche Relevanz" durchgehend diese Strafvorschrift angeführt. Beziehen sich die Tathandlungen jedoch auf Karten ohne Garantiefunktion, ist § 152b StGB zu prüfen.

lesenen Daten entweder im Gerät zu speichern oder sie zu versenden. Zudem müssen sie das umgebaute Gerät je nach Einsatzort noch mit einer Tarnung (beispielsweise einem Gehäuse oder eine Platte) versehen. Die von den Tätern hergestellten bzw. auch bereits manipuliert erworbenen Geräte erfüllen im Vorfeld der Herstellung von Bank- oder Kreditkarten die gleiche Funktion wie die in § 149 Abs. 1 Nr. 1 StGB aufgezählten Gegenstände (Platten, Formen, Drucksätze, Druckstöcke) zur Vorbereitung der Geldfälschung. Eingeordnet werden die Lesegeräte in dieser Vorschrift unter „ähnliche Vorrichtungen". Ausschlaggebend ist die technische Veränderung der regulären Geräte.

Geräte und Vorrichtungen zur Erlangung der PIN

§ 149 Abs. 1 Nr. 1 StGB (Vorbereitung der Fälschung von Geld und Wertzeichen) Bei diesen Geräten handelt es um Tastaturaufsätze oder Minikameras zum Filmen der PIN-Eingabe. Eine Strafbarkeit ist beim Beschaffen dieser Ausrüstung nicht gegeben, da sie nicht zum Fälschen der Zahlungskarten dienen, worauf sich diese Strafvorschrift bezieht.

§ 263a Abs. 3 StGB (Computerbetrug) ist zu prüfen, da die angeführten Geräte (Tastaturaufsätze, Minikameras) mit einer zusätzlichen Steuerungseinheit mit dazugehörigem Programm verbunden werden, das es ermöglicht, die Eingaben nach der Ausspähung aufzuzeichnen bzw. zu senden. Die „neue" Zweckbestimmung der veränderten Geräte ist die Durchführung eines Computerbetruges.

Beschafft sich die Täterschaft zum Filmen der PIN-Eingabe reguläre Aufnahmegeräte (Digitalkamera, Fotohandy oder auch Minikamera ohne technische Veränderungen), so ist diese Vorbereitungstat nicht strafbewehrt. Allein die Tatsache, dass mit Foto- oder Filmgeräten eine strafbare Handlung begangen werden kann, reicht für den Tatbestand des Computerbetruges nicht aus („Dual Use").

Schreib- bzw. Codiergeräte zur Erstellung der Dublette

§ 152b Abs. 5 StGB (Fälschung von Zahlungskarten mit Garantiefunktion und Vordrucken für Euroschecks) **i. V. m. § 149 Abs. 1 Nr. 1 StGB** (Vorbereitung der Fälschung von Geld und Wertzeichen) Eine Strafbarkeit ist nicht gegeben, da die Geräte von der Täterschaft legal erworben werden können und für das Beschreiben der Kartenrohlinge einen Umbau, eine Manipulation oder der verdeckte Einbau des

Schreibgerätes nicht notwendig ist. Das Gerät wird in seiner ursprünglich gedachten Funktion genutzt – dem Beschreiben von Kartenrohlingen mit Daten. Dass die Daten aus einer strafbaren Vortat stammen, spielt keine Rolle.

§ 202c Abs. 1 Nr. 2 StGB (Vorbereitung des Ausspähens und Abfangen von Daten) **i. V. m. § 202a Abs. 1 StGB** (Ausspähen von Daten) ist ebenfalls zu verneinen, da das eingesetzte Computerprogramm nicht in der Absicht entwickelt wurde, es zur Fälschung von Zahlungskarten einzusetzen. Die bloße Eignung des Gerätes reicht nicht aus.

§ 263a StGB (Computerbetrug) ist ebenso nicht gegeben, da die ursprüngliche Bestimmung des Schreib- bzw. Codiergerätes von der Täterschaft beibehalten wird.

Einsatz der veränderten Geräte zum Ausspähen der erforderlichen Daten (Magnetstreifen und PIN)

Auslesen des Magnetstreifens mit einem vom Täter angebrachten Lesegerät

§§ 269 Abs. 1. Alt. 1, 270, 25 Abs. 1 Alt. 2 StGB (Fälschung beweiserheblicher Daten in mittelbarer Täterschaft) kommt hier in Betracht. Der Bankkunde, der seine Karte in das von Täter aufgesetzte Kartenlesegerät einsteckt, erfüllt den Tatbestand des § 269 Abs. 1. Alt. 1 StGB, indem er beweiserhebliche Daten so verfälscht, dass bei ihrer Wahrnehmung eine unechte Urkunde vorliegen würde. Jedoch handelt er nicht wissentlich und damit nicht vorsätzlich. Er wird vorsätzlich vom Täter unwissentlich dazu veranlasst, was für diesen den Tatbestand der Fälschung beweiserheblicher Daten in mittelbarer Täterschaft erfüllt. Dem Tatbestandsmerkmal der Täuschung im Rechtsverkehr steht die fälschliche Beeinflussung einer Datenverarbeitung im Rechtsverkehr gleich (§ 270 StGB).

§ 149 Abs. 1 Nr. 1 StGB i. V. m. § 152b Abs. 5 StGB ist zu prüfen, da der „Skimmer", eingesetzte Programme oder ähnliche Vorrichtungen die gleiche Funktion wie die in § 149 Abs. 1 Nr. 1 StGB aufgezählten Gegenstände (Platten, Formen, Drucksätze, Druckstöcke) zur Vorbereitung der Geldfälschung erfüllen. Die Gegenstände müssen gebrauchsfertig und zum unmittelbaren Einsatz im eigentlichen Fälschungsvorgang sowie ihrer Art nach zur Begehung der Tat geeignet sein.

§§ 1 Abs. 1, 42 Abs. 2 Nr. 1 BDSG Die Vorschrift schützt die unbefugte Datenerhebung personenbezogener Daten, die nicht allgemein zugänglich sind, sowie das Verarbeiten dieser Daten (§ 46 Nr. 2 BDSG). Der Täter möchte mit diesen Daten, die aus einer automatisierten Verarbeitung am Geldautomaten oder Bezahlterminal stammen, eine Kartendublette anfertigen oder durch andere arbeitsteilig anfertigen lassen. Damit ist die Voraussetzung erfüllt, dass die Täter gegen Entgelt oder in der Absicht handeln, sich oder einen anderen zu bereichern. Zur Verfolgung der Tat ist gemäß § 42 Abs. 3 BDSG ein Strafantrag notwendig.

Ausspähen der PIN

§ 263a Abs. 3 StGB wie oben bei „Geräte und Vorrichtungen zur Erlangung der PIN".

§ 303b Abs. 5 StGB (Computersabotage) **i. V. m. § 202c StGB** (Vorbereiten des Ausspähens und Abfangens von Daten). Wird unter Mithilfe der aufgesetzten Tastatur, der Minikamera oder dem Fotohandy tatsächlich eine PIN ausgespäht, ist eine Strafbarkeit nach § 263a Abs. 3 StGB nicht mehr gegeben. Zu prüfen sind die Tatbestände nach § 303b Abs. 5 StGB (Computersabotage) i. V. m. § 202c StGB (Vorbereiten des Ausspähens und Abfangens von Daten), da es sich bei der PIN um Passwörter gemäß der Vorschrift handelt.

§§ 1 Abs. 1, 42 Abs. 2 Nr. 1 BDSG Die PIN ist eine Information, die sich auf eine identifizierte oder identifizierbare natürliche Person (betroffene Person) bezieht. Als identifizierbar wird nach Art. 46 Nr. 1 BDSG eine natürliche Person angesehen, die direkt oder indirekt, insbesondere mittels Zuordnung zu einer Online-Kennung identifiziert werden kann. Unter die Datenerhebung fällt jede Form des Beschaffens, einerlei, ob die PIN mit einem Tastaturaufsatz, einer Minikamera, einer Digital- oder Handykamera oder durch bloßes „über-die-Schulter-schauen" erlangt wurde. Sollte die PIN nach dem Ausspähen auf einem Datenspeicher zwischengespeichert worden sein, ist auch die Alternative des Verarbeitens erfüllt.

Herstellen der Dubletten

§ 152b Abs. 1 StGB i. V. m. § 152a Abs. 1 Nr. 1 StGB Werden mit den ausgespähten Kartendaten Dubletten in- oder ausländischer Zahlungskarten angefertigt, ist der Tatbestand des Nachmachens erfüllt.

Unerheblich dabei ist, dass die Karte in Form und Design nicht komplett gefälscht wird, sondern es ausreicht, wenn auf einem Magnetstreifen die ausgespähten Daten aufgebracht werden. Der Täter muss dabei zur Ermöglichung der Täuschung im Rechtsverkehr handeln. Der Täuschung im Rechtsverkehr steht nach § 270 StGB die fälschliche Beeinflussung einer Datenverarbeitung gleich. Das ist mit dem vorgesehenen Einsatz der Dublette am Geldausgabeautomaten erfüllt. Handelt der Täter als Mitglied einer Bande oder gewerbsmäßig, tritt die Qualifizierung nach § 152b Abs. 2 StGB ein.

§ 269 Abs. 1 StGB (Fälschung beweiserheblicher Daten) Auf den Kartenrohlingen werden die ausgelesenen Daten der ursprünglichen Karte gespeichert. Bei diesen Daten handelt es sich um beweiserhebliche. Mit der Speicherung zur weiteren Verwendung entsteht eine falsche Urkunde. Eine Qualifizierung tritt ebenfalls ein, wenn der Täter als Mitglied einer Bande oder gewerbsmäßig handelt.

Einsatz der Dubletten

§ 152b Abs. 1 StGB i. V. m. § 152a Abs. 1 Nr. 2 StGB Wurden die ausgelesenen Daten der ursprünglichen Zahlungskarte erfolgreich mit der PIN zu einem „Dump" synchronisiert, kann die Dublette am Geldautomaten zur Abhebung von Bargeld eingesetzt werden, der Tatbestand des Gebrauchens einer gefälschten Zahlungskarte im Zahlungsverkehr ist erfüllt. Unter den Zahlungsverkehr fällt auch der Gebrauch am Geldautomaten oder POS-Terminal. Auch hier tritt die Qualifizierung des Delikts nach **§ 152b Abs. 2 StGB** ein, wenn der Täter als Mitglied einer Bande oder gewerbsmäßig handelt.

§ 263a StGB (Computerbetrug) Durch den Einsatz der Dublette ist der Tatbestand des Computerbetruges in Form der unbefugten Verwendung von Daten erfüllt. Unerheblich dabei ist, ob die Täterschaft die Karte selbst hergestellt oder lediglich von einem Dritten übernommen hat. Für die Strafbarkeit ist es notwendig, dass das Ergebnis eines Datenverarbeitungsvorganges beeinflusst wird. Beim Einsatz der gefälschten Zahlungskarte ist zwar der Vorgang inhaltlich wie vorgesehen mit den zum Konto gehörenden Daten erfolgt, wurde aber vom Täter unbefugt herbeigeführt. Der Einsatz der Dublette ist auch ursächlich für den Vermögensschaden, der durch die Geldausgabe am Automaten und der Mitnahme durch den Täter eintritt.

§ 263a Abs. 2 StGB i. V. m. § 263 Abs. 5 StGB ist der Qualifizierungstatbestand für einen Täter, den er als Mitglied einer Bande, die sich zur fortgesetzten Begehung von Straftaten des Computerbetruges verbunden hat, gewerbsmäßig begeht.

§ 269 StGB (Fälschung beweiserheblicher Daten) Durch den Einsatz der gefälschten Zahlungskarte ist der Tatbestand der Fälschung beweiserheblicher Daten in Form des Gebrauchens erfüllt.

§ 202a Abs. 1 StGB (Ausspähen von Daten) Fast en passant macht sich der Täter, der die Dublette einsetzt, auch eines Vergehens des Ausspähens von Daten strafbar. Mit der Kombination aus den Daten des Magnetstreifens der ursprünglichen Karte und der PIN, hat er Zugriff auf den Kontostand des Inhabers der regulären Zahlungskarte. Mit dem „Dump" hat er sich unbefugt einen Zugang zu Daten, die nicht für ihn bestimmt sind und gegen unberechtigten Zugang besonders gesichert sind, unter Überwindung der Zugangssicherung verschafft.

4. Zivilrechtliche Relevanz

In der Frage des Schadenersatzes ist zu ermitteln, bei wem der Schaden eingetreten ist. Dies kann sowohl bei der Bank als auch beim Bankkunden sein. Ein Anspruch gegen die Bank auf Erstattung des wiederrechtlich abgehobenen Betrages könnte nach § **675u S. 2 BGB** (Haftung des Zahlungsdienstleisters für nicht autorisierte Zahlungsvorgänge) bestehen, wenn die Abhebung ohne Autorisierung des Kontoinhabers (s. § **675j Abs. 1 S. 1, 4 BGB**, Zustimmung und Widerruf der Zustimmung) erfolgt ist.

Allerdings haftet der Bankkunde nach § **675v Abs. 1 S. 2 BGB** (Haftung des Zahlers bei missbräuchlicher Nutzung eines Zahlungsauthentifizierungsinstruments), wenn er die personalisierten Sicherheitsmerkmale (also beispielsweise die PIN) nicht sicher aufbewahrt hat. Denn der Kontoinhaber ist zur sicheren Aufbewahrung der personalisierten Sicherheitsmerkmale verpflichtet (§ **675l BGB**, Pflichten des Zahlers in Bezug auf Zahlungsauthentifizierungsinstrumente). Denkbar ist in diesem Zusammenhang, dass der Bankkunde seine PIN auf einem Zettel notiert und diesen Zettel zusammen mit seiner

Zahlungskarte in seiner Geldbörse verwahrt hat. Wird ihm die Geldbörse entwendet und es kommt zur Geldabhebung am Automaten, haftet der Kunde. Ebenso verhält es sich, wenn die Aufzeichnungen zur PIN verloren oder gestohlen werden. Eine Haftung des Kontoinhabers ist aber nicht gegeben, wenn die Eingabe der PIN am Geldautomaten mitgefilmt oder über die Tastatur aufgezeichnet wird. Die dazu notwendigen Geräte sind für den Bankkunden nicht sichtbar verbaut, so dass von einer fahrlässigen Preisgabe nicht gesprochen werden kann.

Die Höhe des Schadenersatzes ist auf 150 Euro begrenzt, es sei denn, der Kontoinhaber hat grob fahrlässig oder vorsätzlich gehandelt oder hat gegen eine vereinbarte Bedingung zur Ausgabe und Nutzung des Zahlungsauthentifizierungsinstruments verstoßen. In diesem Fall haftet er für die Gesamtsumme (**§ 675v Abs. 2 BGB**).

5. Checkliste für die Ermittlungspraxis

✓ Der **erste Angriff** erfolgt durch die Schutzpolizei, die Endsachbearbeitung durch die Kriminalpolizei.
✓ Kontaktaufnahme mit den Sicherheitsbeauftragten der Banken, deren Geldautomaten nach Lageauswertung für die Manipulation durch die Täter in Frage kommen bzw. deren Automaten in einem Skimmingbrennpunkt liegen. Neben der Information über den modus operandi können Verhaltensmaßnahmen für Bankmitarbeiter besprochen werden, falls ein manipuliertes Gerät entdeckt wird. Mitarbeiter der Bank sollten in diesem Fall umgehend die Polizei verständigen, den Automaten nicht mehr anfassen sowie keine vom Täter angebauten Teile entfernen. Ob der Geldausgabeautomat abgeschaltet bzw. der Raum, in dem er aufgestellt ist, geschlossen werden soll, bedarf der Absprache zwischen Polizei und Bankmitarbeiter.

- ✓ Bei Mitteilung über manipulierten Geldautomaten Anfahrt, wenn möglich, mit Zivilkräften.
- ✓ Bei der Anfahrt auf Personen im Umfeld des Automaten achten, die ggf. mit einem Laptop hantieren.
- ✓ Verdeckte Überprüfung des Automaten auf tatsächliche Manipulationen. Im positiven Fall Organisation einer Überwachung der Örtlichkeit, um die Täter bei der Überprüfung bzw. dem Abbau der Anlage ggf. festnehmen zu können.
- ✓ Systematische Suche nach serologischen und daktyloskopischen Spuren am Ausgabeautomaten.
- ✓ Sicherstellung des Journals des Geldautomaten.
- ✓ Veranlassung der Sperrung anderer betroffener Karten.
- ✓ Sicherstellung von Bildern der Überwachungskamera.
- ✓ Sicherstellung der Skimmingeinrichtung mit entsprechender Dokumentation und Verpackung.
- ✓ Zeugenvernehmung derjenigen Personen, welche die Manipulation am Automaten entdeckt haben (Geschädigter, Bankmitarbeiter).
- ✓ Abgabe des Vorgangs an Kriminalpolizei.

6. Präventionsmaßnahmen

Die Geld- bzw. Kreditkarte ist wie Bargeld zu behandeln und dementsprechend an einem sichern Platz zu verwahren.

Täter sind darauf angewiesen, in kurzer Zeit möglichst viele Daten abzugreifen. Dies gelingt am besten, wenn dazu sehr frequentierte Automaten manipuliert werden. Im Gegenzug dazu kann sich der Kunde schützen, indem er weniger oft besuchte Geldautomaten nutzt.

Neben der Manipulation des Kartenschlitzes mit einem Lesegerät kann auch am Türöffner zum Vorraum der Bank ein solches Gerät angebracht sein. Ratsam ist es deshalb, den Türöffner mit einer anderen Karte zu bedienen als diese, mit der am Automaten Geld abgehoben wird.

Zum Betreten der Bank ist keinesfalls die Eingabe der PIN notwendig. Wird diese trotzdem verlangt deutet dies auf das Ausspähen der Kartendaten hin. In diesem Fall sollte umgehend die Bank bzw. die Polizei informiert werden.

Zum Auslesen des Magnetstreifens und Filmen der PIN-Eingabe muss diverse Technik verbaut werden. Hier bietet sich die Möglichkeit, auf aufgesetzte Anbauten, Löcher in der Verkleidung oder aufgesetzte bzw. lose Leisten zu achten. Besonderes Augenmerk gilt natürlich dem Kartenschlitz. Vor allzu heftigem Rütteln an den Bauteilen eines Geldautomaten wird allerdings abgeraten, da sonst Beschädigungen auftreten können. Bei Auffälligkeiten am Automaten ist die Bank bzw. die Polizei zu informieren.

Die PIN sollte ausschließlich verdeckt eingegeben werden. Abgedeckt werden kann die eingebende Hand mit der Geldbörse oder der freien anderen Hand. Mittlerweile sind nahezu an allen Geldausgabeautomaten Gummimanschetten angebracht, welche den Blick auf das Tastaturfeld während der Eingabe der PIN verdecken.

Jeder Kunde am Geldautomaten sollte Personen, die zu nahe stehen, auffordern, mehr Abstand zu halten. Im Notfall sollte der Vorgang abgebrochen und später wiederholt werden.

Eine regelmäßige Kontrolle der Kontobewegungen mit Hilfe der Kontoauszüge bzw. des Onlinebankings ist selbstredend. Bei Unregelmäßigkeiten ist eine Kontaktaufnahme mit der Bank unumgänglich.

Die Geldkarte darf nicht aus der Hand gegeben werden. Sollte dies einmal notwendig werden, weil etwa der Bezahlvorgang dies erfordert, muss der Vorgang genau beobachtet werden. Bei Unregelmäßigkeiten ist die Karte sofort zurückzufordern.

VI Skimming

Bei Abhebungen im Ausland sollte Bargeld am Automaten ausschließlich während der Öffnungszeiten der Bank getätigt werden. Bei Unregelmäßigkeiten oder Veränderungen am Automaten kann das Personal sofort kontaktiert werden.

> **TIPP:**
>
> Vor einem Auslandsaufenthalt sollte die Sperrnotrufnummer notiert werden: **0049 116 116**.

VII. Ransomware (Online-Erpressungen)

1. Phänomenbeschreibung

Die erste Ransomware konnte der Kategorie **Scareware** zugeordnet werden, also der Schadsoftware, die den Nutzer erschrecken bzw. ihm Angst einjagen soll, um ihn am PC Handlungen ausführen zu lassen, die er sonst nicht tätigen würde. Der Name setzt sich aus dem englischen Wort *ransom* für Erpressung und *ware* für Schadsoftware (nicht nur Ware) zusammen.

Klassische Scareware suggeriert dem Betroffenen, dass dessen **Computer mit Viren befallen** ist. Die Täter bereichern sich dabei auf verschiedenen Wegen: Es wird eine günstige Software zum Download angeboten, die von der angeblichen Malware befreien soll. Dabei handelt es sich jedoch um eine meist nutzlose Anwendung, die keinerlei Schutz bietet. Eine andere Variante besteht darin, dass ein zunächst kostenloser Download eines Programmes angeboten wird, welches scheinbar das Problem behebt. Nach wenigen Tagen schlägt der kostenlose Virenscanner erneut an und berichtet, dass ein so schweres Sicherheitsrisiko vorliegen würde, welches mit der kostenlosen Version nicht mehr behoben werden könne. Es wird zum Kauf eines teuren Produktes aufgefordert.

Es gibt auch vermeintliche Antivirenschutz-Programme, die nach der Installation persönliche Daten verschlüsseln. Erst nach der Zahlung eines „Lösegeldes" werden diese wieder entschlüsselt. Aufgrund dieses Nötigungsmittels liegt dann bereits eine **Ransomware** vor.

Neuere Ransomware wie zum Beispiel „Ukash-" oder „BKA-Trojaner" bzw. „.zip-Trojaner" sperrt hingegen den infizierten Rechner, sodass an diesem kein Arbeiten mehr möglich ist. Nur gegen eine vorgebliche „Strafzahlung" via elektronischem Zahlungsmittel soll dieser wieder frei geschaltet werden.

VII Ransomware (Online-Erpressungen)

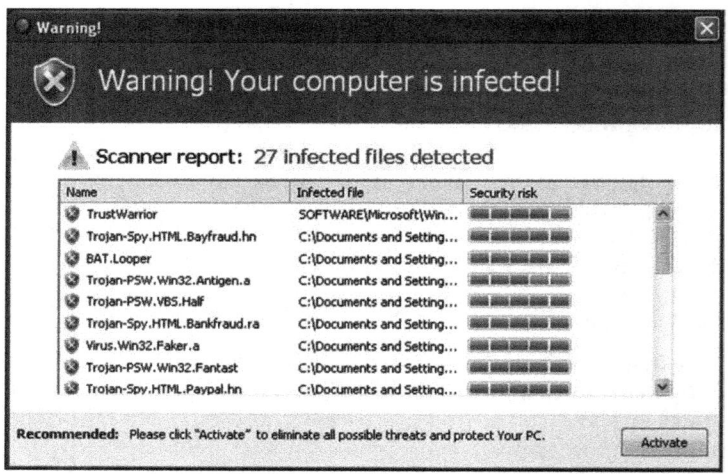

Abbildung 11: Diese Scareware meldet zahlreiche Viren, die angeblich auf dem Rechner festgestellt worden sind.

2. Die Infizierung und Möglichkeiten zur Hilfe

Die Infizierung erfolgt derzeit über zwei verschiedene Wege: Drive-by-Download und per E-Mail als .zip-Trojaner.

2.1 Drive-by-Download

Die Infizierung über den so genannten **Drive-by-Download**, also dem unbewussten und unbeabsichtigten Herunterladen der Software, erfolgt während des Besuches des Nutzers auf einer inkriminierten Website. Auf dem Rechner selbst installiert sich die Malware dann ebenfalls unbemerkt und manipuliert den Autostart des betroffenen Systems. Ziel ist es dabei, bei jedem Neustart auch den Trojaner neu zu starten. Daneben wird durch dieses Vorgehen auch die Entfernung der Schadsoftware erschwert.

Zur Platzierung der Malware auf regulären Seiten des Internets werden von den Tätern Schwachstellen des Systems ausgenutzt und das

Schadprogramm in einem Link oder einem Download dieser Seite hinterlegt. Klickt der Nutzer unbedarft darauf, wird die Installation ausgelöst. Bei manchen Varianten werden neben der Installation der Ransomware zeitgleich Dateien (überwiegend Office Anwendungen) auf dem infizierten Rechner verschlüsselt. Damit soll der Geschädigte mit Nachdruck aufgefordert werden, sofort einen geldwerten Voucher von z. B. Paysafe oder Ukash zu erwerben. Wurden zu Beginn der Schadenswelle überwiegend Seiten mit erotischen Inhalten manipuliert, erfolgt die Verbreitung neben „alltäglichen Websites" (auch renommierte Seiten wurden bereits erfolgreich angegriffen, sodass der Rechner eines Nutzers durch bloßes Lesen von Nachrichten infiziert wurde) mittlerweile auch über soziale Netzwerke. Dort wird sie in einem Anhang des Absenders integriert. Dieser Anhang soll von einem vermeintlichen Freund im gemeinsamen sozialen Netzwerk stammen und wird deshalb unter Umständen keiner oder nur einer oberflächlichen Prüfung unterzogen. Der Erfolg der Täter ist in diesem Fall ungemein höher.

2.2 .zip-Trojaner

Eine weitere Methode ist der **Versand von manipulierten E-Mails**. Diese Variante ist unter dem Begriff **.zip-Trojaner** bekannt. Der Geschädigte erhält beispielsweise eine E-Mail mit einer Bestellbestätigung augenscheinlich von Amazon. Einzelheiten und Stornierungsmöglichkeiten seien im Anhang zu finden. Bei diesem Anhang handelt es sich meist um eine .zip-Datei, selten auch um eine .pdf-Datei. In beiden Fällen installiert sich nach dem Anklicken die Ransomware und legt den Rechner lahm.

Die Täter sind dabei recht kreativ. Es werden E-Mails vom Finanzamt gefälscht, mit der Ankündigung einer Steuernachzahlung. Ein beiliegendes Formular sei deswegen auszufüllen. Auch gefälschte Monatsrechnungen von diversen Handyprovidern werden versandt. Durch hohe Gebühren wird der Empfänger dazu verleitet, den angegebenen Link aufzurufen, um sich näher über die unüblich hohen Kosten zu informieren.

VII Ransomware (Online-Erpressungen)

Ihre neue Rechnung als PDF

Guten Tag!

Ihre Rechnung vom 14.01.2014 ist hier im Anhang als PDF-Datei für Sie. Falls Sie die Datei auf Ihrem Handy nicht öffnen können, versuchen Sie es bitte an Ihrem PC.

Ihre neue Rechnung als PDF 171660935392890486.

Die Gesamtsumme beträgt 497.72 Euro und ist am 17.01.2014 fällig

Jetzt noch übersichtlicher: Ihre Online-Rechnung im neuen Design. Sie finden Ihre Rechnung in MeinVodafone unter Rechnung > Aktuelle Rechnung. Dort können Sie Ihre Rechnung auch als PDF herunterladen und drucken. Ihre Rechnungen der letzten 24 Monate finden Sie unter "Alle Rechnungen".

Viele freundliche Grüße
Ihr Vodafone-Team

Diese E-Mail wurde automatisch an Sie verschickt. Wenn Sie uns antworten möchten, nutzen Sie bitte das Kontaktformular. Klicken Sie bitte nicht auf "Antworten" oder "Reply" in Ihrem E-Mail-Programm!

Abbildung 12: Vorgebliche Rechnung der Fa. „Vodafone". Hinter dem Link, der angeblich zur PDF der Rechnung führt, verbirgt sich jedoch ein Schadcode, der nach Anklicken eine Malware auf dem Rechner installiert.

Surft der Nutzer auf einer inkriminierten Webseite oder ruft er den manipulierten Anhang einer Nachricht ab, öffnet sich für ihn irgendwann und nicht vorhersehbar ein Popup-Fenster. Das Design dieses Fenster suggeriert dem Nutzer, dass die Nachricht beispielsweise vom Bundeskriminalamt stammt: Farbgebung, Aufmachung sowie Stern und Name der Polizeibehörde vermitteln eine offizielle Nachricht. Darin wird dem Nutzer mitgeteilt, dass sein Rechner vom BKA gesperrt wurde. Grund hierfür sei, dass er in Zusammenhang mit Kinderpornographie, sodomistischen Handlungen und Gewalt in Erscheinung getreten sei. Zudem seien vom betroffenen Computer Mails mit terroristischen Inhalten versandt worden. Um zu vermitteln, dass dies sich auch so zugetragen hat, werden in der Meldung die

Die Infizierung und Möglichkeiten zur Hilfe 2

IP-Adresse des betreffenden Computers, dessen Betriebssystem sowie der verwendete Browser angezeigt. Inzwischen firmiert die Schadsoftware auch unter dem Label der Verwertungsgesellschaft GEMA, da angeblich nicht lizensierte Musikstücke aus dem Netz geladen worden seien, oder der Gebühreneinzugszentrale GEZ. Hier wird behauptet, dass der Nutzer Musikstücke anhört und Videofilme ansieht, ohne die dafür erforderliche Rundfunkgebühr entrichtet zu haben. Ziel ist es in allen Fällen, Geld vom PC-Nutzer zu erhalten.

Abbildung 13: Variante des sog. „BKA-Trojaners".

Zwischenzeitlich gibt es mehrere Dutzend verschiedener Bildschirmdarstellungen. Ein Überblick ist auf der Webseite https://www.bundespolizei-virus.de/ zu finden. Hier werden zudem Möglichkeiten beschrieben, wie die Ransomware wieder beseitigt werden kann.

In den Anfängen der Verbreitung der Erpressersoftware sollten die betroffenen Nutzer angegebene Telefonnummern anrufen, um auf diesem Wege zu erfahren, wie ihr Computer wieder freigeschaltet werden könne. Dabei fielen hohe Gebühren an, die dem Täter zukamen. Eine Variation dieser Methode war die Verschlüsselung von Daten auf fremden Rechnern, die dem Eigentümer dann als beschädigt angezeigt wurden. Um seine Datensätze wieder reparieren zu können, wurde dem Geschädigten angeboten, die Freeware einer Reparatursoftware zu laden (beispielsweise „Data Doctor 2010"). Nach der Aktivierung der heruntergeladenen Software blieben allerdings noch einige Daten verschlüsselt bzw. „beschädigt". Diese könnten angeblich nur gerettet werden, wenn die kostenpflichtige Vollversion der Reparatursoftware gekauft und angewandt würde.

In der aktuellen Variante verlangt der Täter die Bezahlung einer „Strafe" innerhalb von 24 Stunden. Damit er über Kontobewegungen nicht zurückverfolgt werden kann, nutzt der Täter das **Bezahlsystem Ukash**. Zur Abwicklung des Geschäfts, an dessen Ende die Freischaltung des PC stehen würde, soll der geschädigte Nutzer einen Ukash-Voucher erwerben. Den darauf angegebenen 19-stelligen Code soll er in das auf der Sperrseite eingerichtete Textfeld eingeben. Zur Untermauerung der Forderung werden entweder in einem festen Rhythmus Dateien gelöscht oder aber angedroht, die gesamte Festplatte zu löschen. In den meisten Fällen wird die Blockade jedoch nicht aufgehoben – auch wenn bezahlt wurde. Im Gegenteil: Es werden manchmal auch Nachforderungen erhoben. Die Methode, mit einer nachgemachten Seite, die vortäuscht, eine offizielle Polizeiseite zu sein, Geld zu machen, ist nicht allein auf Deutschland beschränkt. In Großbritannien kommt beispielsweise die „Metropolitan-Police-Ransomware" zum Einsatz. Das Prinzip ist dasselbe wie hierzulande.

2.3 Weitere Hilfen bei einem Befall

Der Onlinedienst https://id-ransomware.malwarehunterteam.com/index.php erkennt (Stand 02/2020) um die 820 verschiedene Ransomware-Programme. Weiß man, welches Schadprogramm den eigenen Rechner befallen hat, lässt sich möglicherweise Hilfe holen, um die Daten wieder entschlüsseln zu können. Programme und Anleitungen zur Wiederherstellung verschlüsselter Dateien sind – wie soeben erwähnt – beispielsweise auf der Webseite https://www.bundespolizeivirus.de/ zu finden. Oft muss man auch eine Zeitlang warten, bis ein Entschlüsselungsprogramm bereitgestellt wird, mit dem man verschlüsselte Dateien wiederherstellen kann. Diese Programme sind aber für nur ganz wenige Schadprogramme verfügbar.

Ein weiteres Ransomware-Archiv ist bei „botfrei" unter dem Link https://www.botfrei.de/de/ransomware/galerie.html aufrufbar. Auch hier kann man anhand des dargestellten Sperrbildschirms auf die vorhandene Schadsoftware schließen.

2.4 Die aktuellen Verschlüsselungsprogramme

Dass die Schadsoftware immer ausgeklügelter und stets besser wird, sieht man am Beispiel des Trojaner „Emotet". Er wurde im Jahr 2014 von Sicherheitsexperten entdeckt. Ursprünglich war er als Banking-Trojaner konzipiert. Heutzutage wird weitere Schadsoftware hinzugefügt. Emotet ist ein polymorpher Virus. Dies bedeutet, dass der Programmcode bei jedem neuen Abruf in Nuancen verändert wird. Dies hat zur Folge, dass er bei signaturbasierten Virenscannern oft nicht (sofort) erkannt wird. Emotet gilt laut dem BSI als eine der größten Bedrohungen durch Schadsoftware weltweit und verursacht auch in Deutschland aktuell hohe Schäden. Der altbewährte Grundsatz „Öffne nie E-Mails oder gar enthaltene Anhänge von unbekannten Absendern" läuft hier absolut ins Leere. Warum? Die Schadsoftware nistet sich zunächst unbemerkt auf dem Rechner ein. Im Anschluss werden Kontakte und Inhalte von E-Mails aus allen Mail-Postfächern ausgelesen. Diese Informationen werden dann von den Tätern genutzt. Sie verfassen E-Mails an Personen aus dem Adressbuch. Oder sie antworten auf E-Mails, welche sich im Mailprogramm befinden. Im Anhang jener E-Mail wird dann ein Trojaner hinzugefügt. Das Auslesen der Kontaktbeziehungen und Mailinhalte erfolgt auch automatisiert. Es scheint daher nahezu unmöglich, einen solchen Angriff zu erkennen. Selbst Personen, die E-Mails durchaus vorsichtig prüfen, werden hier zum Opfer. Durch einen solchen SPAM-Angriff werden tausende von weiteren PC verseucht. Wenn der PC mit einem Trojaner infiziert ist, wird weitere Schadsoftware nachgeladen. Beispielsweise den Banking-Trojaner „Trickbot". Wenn es für den Täter möglich ist, wird er nun eine betrügerische Überweisung vornehmen. Im Anschluss daran wird auch noch der PC des Betroffenen verschlüsselt. Zum Entschlüsseln wird der Eigentümer dann zu einer Zahlung in Bitcoins genötigt, also erpresst. Falls der Täter keine betrügerische Überweisung vornehmen kann, beispielsweise weil das TAN-Verfahren für ihn nicht angreifbar ist, wird der PC unmittelbar verschlüsselt und der Eigentümer zur Zahlung erpresst.

Schützen kann man sich vor Emotet, indem man zeitnah Updates installiert, eine Antiviren-Software nutzt. Auch wenn E-Mails von bekannten Personen eintreffen, Anhänge (vor allem Office-Dokumente) überprüfen und nicht immer sofort öffnen. Nochmals den Text genau lesen. Oft finden sich doch ein paar kleinere Auffälligkeiten. Macros nicht ausführen lassen!

In der E-Mail enthaltene Links überprüfen. Sie führen oft zu dubiosen Webseiten, wie man anhand der „ruhenden Mausanzeige" (die Maus wird auf den Link bewegt, ohne diese zu drücken; es erscheint der jeweilige tatsächliche Link – dieser kann vom angezeigten Linknamen abweichen) erkennen kann.

Oftmals werden Office-Dokumente verschickt, bei denen Makros zu aktivieren sind. Makros sollten bei Dokumenten aus E-Mails daher möglichst nie aktiviert werden.

Ein weiterer guter Tipp ist noch immer, nicht als Administrator im Internet unterwegs zu sein.

Ist man trotz aller Vorsicht von Emotet betroffen, empfiehlt sich eine komplette Neuinstallation, da die Schadsoftware zu tief ins Betriebssystem eingreift und die Gefahr besteht, dass Reste der Schadsoftware vorhanden sind. Auch sollte man hier seine Kontakte informieren, denn diese sind potentiell gefährdet. Zugangsdaten, die im Webbrowser gespeichert sind, müssen neu vergeben werden. Die Kennwörter werden in bestimmten Datenbanken geschrieben und sind dort nach heutigem Stand nicht verschlüsselt. Ein Angreifer kann daher alle Passwörter im Klartext auslesen. Ein Grund mehr, Kennwörter in Browsern (beispielsweise bei Firefox) nicht zu speichern!

2.5 „Sonderfall" Sexpressung

Ein Sonderfall der Erpressung der Zahlung von Lösegeld ist die so genannten „**Sexpressung**". Bei diesem Phänomen wird nicht zuerst durch Malware die Festplatte verschlüsselt und dann der Computerbesitzer dazu genötigt, einen bestimmten Betrag in Bitcoins zu bezahlen, damit sein PC wieder freigeschaltet wird. Ihm wird eine Mail zugeleitet, in der er zunächst aufgefordert wird zu bezahlen und ihm gleichzeitig angedroht wird, seinen Rechner zu verschlüsseln, wenn er dies nicht macht.

Beispiel eines solchen Mailtextes:

> „Ich grüße Sie!
>
> Ich habe schlechte Nachrichten für dich. 20.03.2020 – an diesem Tag habe ich Ihr Betriebssystem gehackt und vollen Zugriff auf Ihr Konto erhalten
>
> p.ringhut@ksredv.de Wie war es: In der Software des Routers, mit der Sie an diesem Tag verbunden waren, gab es eine Sicherheitsanfälligkeit. Ich habe diesen Router zuerst gehackt und meinen bösartigen Code darauf abgelegt. Bei der Eingabe im Internet wurde mein Trojaner auf dem Betriebssystem Ihres Geräts installiert. Danach habe ich alle Daten auf Ihrer Festplatte gespeichert (ich habe Ihr gesamtes Adressbuch, den Verlauf der angezeigten Websites, alle Dateien, Telefonnummern und Adressen aller Ihrer Kontakte). Ich wollte dein Gerät sperren. Und benötigen Sie eine kleine Menge Geld für das Entsperren. Aber ich habe mir die Websites angesehen, die Sie regelmäßig besuchen, und kam zu dem großen Schock Ihrer Lieblingsressourcen. Ich spreche von Websites für Erwachsene. Ich möchte sagen – du bist ein großer Perverser. Sie haben ungezügelte Fantasie! Danach kam mir eine Idee in den Sinn. Ich habe einen Screenshot der intimen Website gemacht, auf der Sie Spaß haben (Sie wissen, worum es geht, oder?). Danach nahm ich Ihre Freuden ab (mit der Kamera Ihres Geräts). Es stellte sich wunderbar heraus, zögern Sie nicht. Ich bin fest davon überzeugt, dass Sie diese Bilder Ihren Verwandten, Freunden oder Kollegen nicht zeigen möchten. Ich denke, 352 € sind ein sehr kleiner Betrag für mein Schweigen. Außerdem habe ich viel Zeit mit dir verbracht! Ich akzeptiere nur Bitcoins. Meine BTC-Geldbörse: 18Pt4B7Rz 7Wf491FGQHPsfDeKRqnkyrMo6 Sie wissen nicht, wie Sie die Bitcoins senden sollen? Schreiben Sie in einer Suchmaschine „wie Sie Geld an die BTC-Geldbörse senden". Es ist einfacher als Geld an eine Kreditkarte zu senden! Für die Bezahlung gebe ich Ihnen etwas mehr als zwei Tage (genau 50 Stunden). Keine Sorge, der Timer startet in dem Moment, in dem Sie diesen Brief öffnen. Ja, ja... es hat schon angefangen! Nach Zahlungseingang zerstören sich meine Viren und schmutzigen Fotos automatisch. Wenn ich die angegebene Menge nicht von Ihnen erhalte, wird Ihr Gerät gesperrt, und alle Ihre Kontakte erhalten ein Foto mit Ihren „Freuden". Ich möchte, dass du umsichtig bist. – Versuchen Sie nicht, mein Virus zu finden und zu zerstören! (Alle Ihre Daten sind bereits auf einen Remote-Server hochgeladen.) – Versuchen Sie nicht, mich zu kontaktieren (Dies ist nicht möglich, ich habe Ihnen diese E-Mail von Ihrem Konto aus gesendet). – Verschiedene Sicherheitsdienste helfen Ihnen nicht

> weiter; Auch das Formatieren einer Festplatte oder das Zerstören eines Geräts ist nicht hilfreich, da sich Ihre Daten bereits auf einem Remote-Server befinden. P.S. Ich garantiere Ihnen, dass ich Sie nach der Bezahlung nicht mehr stören werde, da Sie nicht mein einziges Opfer sind. Dies ist ein Hacker-Ehrenkodex. Ich empfehle Ihnen von nun an, gute Antiviren-Programme zu verwenden und regelmäßig (mehrmals täglich) zu aktualisieren! Sei nicht böse auf mich, jeder hat seine eigene Arbeit. Abschied."

Im Regelfall handelt es sich hier ebenfalls um Phishingmails, die gelöscht werden können, ohne jegliche Folgen befürchten zu müssen. Oft hingegen reagieren die Betroffenen panisch, da hier Dinge behauptet werden, die tief in die Privatsphäre eingreifen und die Empfänger der Mail sich schämen, wenn sie befürchten müssen, dass unwahre intime Details an die Öffentlichkeit geraten.

3. Strafrechtliche Relevanz

Versand von manipulierten E-Mails

§ 263a StGB i. V. m. § 263 Abs. 2 StGB (Versuchter Computerbetrug) kommt in Betracht, wenn der Täter eine Mail mit der Absicht versendet, den Computer des Empfängers zu sperren und damit Geld zu fordern.

§ 269 StGB (Fälschung beweiserheblicher Daten) ist zu prüfen, wenn ein Name einer tatsächlich existierenden Firma oder Organisation missbraucht wird und dadurch der Eindruck entsteht, die Aufforderung, beispielsweise einen Anhang zu öffnen, hat einen amtlichen bzw. reellen Hintergrund.

§ 303a StGB (Datenveränderung) in der Variante der Unbrauchbarmachung oder Veränderung von Daten, wenn der Empfänger den Mailanhang öffnet und der Computer infiziert wird. Sollte die Datenverarbeitung für den Nutzer von wesentlicher Bedeutung sein und die Daten konnten nicht wieder ohne großen eigenen Aufwand hergestellt werden, ist § 303b StGB (Computersabotage) zusätzlich zu prüfen.

Nachdem der Geschädigte den Anhang (.zip-Datei) geöffnet hat, gibt es zwei Varianten: Erkennt er, dass er einem Fake aufgesessen ist und bezahlt nicht, kann ein versuchter Computerbetrug nach **§ 263a StGB**

i. V. m. § 263 Abs. 2 StGB vorliegen. Bezahlt er dagegen im Glauben, die Forderung begleichen zu müssen, ist der Computerbetrug mit dem Eintritt der Schädigung vollendet: § 263a StGB.

Die Ransomware installiert sich nach Öffnen einer inkriminierten Seite

§ 303a Abs. 1 StGB (Datenveränderung mit der Variante der Datenunterdrückung), da der PC gesperrt wird und nicht mehr nutzbar ist. Der Tatbestand ist erfüllt, wenn die Daten auch nur vorübergehend unterdrückt und sie nach der Entfernung des Virus wieder nutzbar sind. Nach § **303a Abs. 2 StGB** ist der Versuch strafbar.

303b StGB (Computersabotage), falls die Datenverarbeitung für den Nutzer von wesentlicher Bedeutung ist und die Daten nicht wieder ohne großen eigenen Aufwand hergestellt werden konnten. Nach § **303b Abs. 3 StGB** ist der Versuch ebenfalls strafbar. Sollte bei einer individuellen Tatbeurteilung der Tatbestand nach § 303b Abs. 1 Nr. 1 StGB festgestellt werden, so tritt im Rahmen der Konkurrenz § 303a Abs. 1 StGB zurück.

§ **202c Abs. 1 Nr. 2 StGB** (Vorbereiten des Ausspähens und Abfangens von Daten), wenn die Schadsoftware programmiert, sich oder einem anderen verschafft, verkauft, einem anderen überlassen, verbreitet oder sonst zugänglich gemacht wird, **um** eine Tat nach §§ 303a, 303b StGB zu begehen. Nach § **303c StGB** ist ein Strafantrag notwendig, wenn die Voraussetzungen des § 303b Abs. 1 bis 3 StGB erfüllt sind.

§ **253 StGB** (Erpressung), wenn dem Anwender mit einem empfindlichen Übel, wie z. B. dem Löschen der Daten auf seinem Rechner, gedroht wird und er aufgrund dieser Drohung genötigt wird, Geld zu bezahlen damit dies vermeintlich nicht geschieht. Als Folge muss dem Opfer ein Vermögensnachteil entstehen und sich der Täter in dessen Folge zu Unrecht bereichern.

4. Zivilrechtliche Relevanz

§ **823 Abs. 1 BGB** (Schadenersatzpflicht – allgemeine Haftungsgrundlagen) wie zum Beispiel einer Nutzungsbeeinträchtigung durch einen für eine gewisse Dauer gesperrten Computer oder dem Verlust von Geld und ggf. § **823 Abs. 2 BGB** (Schadenersatzpflicht – Verletzung von Schutzgesetzen), wenn nach einer Prüfung festgestellt wird, dass es sich bei den §§ 253, 303a und 303b StGB um solche zur Erfüllung des Tatbestandes notwendige Schutzgesetze handelt und eine vorsätzliche Begehung vorliegt.

5. Checkliste für die Ermittlungspraxis

Die Sperrbildschirme der Geschädigten weisen in der Regel dieselben Inhalte auf. Deshalb ist vorab dieser Inhalt zu prüfen und festzustellen, ob er einer bereits bestehenden Welle zugeordnet werden kann. Augenmerk ist dabei auf die absendende Institution (z. B. Polizei, BKA, Bundespolizei, GEMA, GUV, BSI), die Höhe sowie die Art und Weise der Zahlungsaufforderung, deren Abwicklung und deren Folgen, die Drohung der Konsequenzen bei Nichtbezahlung, die Anzeige der Nutzerdaten des infizierten PC (IP-Adresse, Provider, Betriebssystem, Browser, Standort des PC) zu legen. Kann bei der Prüfung festgestellt werden, dass es sich um eine bereits bekannte Welle handelt, ist die Abgabe des Vorgangs zu einem Sammelverfahren zu prüfen. Handelt es sich um neu programmierte Malware, wird die Strafanzeige an die für den Tatort zuständige Staatsanwaltschaft abgegeben.

Folgende Maßnahmen sind durchzuführen:

- ✓ Der **erste Angriff** erfolgt durch die Schutzpolizei, die Endsachbearbeitung durch die Kriminalpolizei.
- ✓ Zeugenbefragung, welche Variante vorliegt: Wurde E-Mail mit Anhang geöffnet oder geschah der Vorfall nach bloßem Surfen?

Je nach Antwort:

✓ Festhalten der zuletzt betrachteten Webseiten.
✓ Sicherstellung der E-Mail incl. Anhang: E-Mail-Header auslesen.
✓ Anhang (.zip-Datei) speichern (USB, CD) oder nach Rücksprache an Fachdienststelle.
✓ Weiterleitung der E-Mail an ein spezielles E-Mail-Postfach (ohne Filterung).
✓ Erfolgte der Kauf eines Vouchers? Falls ja: Code und Kaufpreis erheben, Kopie des Vouchers fertigen.
✓ Geschädigten darauf hinweisen, dass er den Code sperren lassen und sich das Geld erstatten lassen kann. Entsprechende Hinweise und Formblätter sind online beim jeweiligen Finanzdienstleister zu finden.
✓ Zeitnahe Abgabe an die Fachdienststelle zur Auswertung etwaig verwendeter Voucher.
✓ Rücksprache mit der Fachdienststelle bzw. Beachtung der örtlichen Besonderheiten, ob PC des Geschädigten generell oder im Einzelfall forensisch untersucht werden soll.

„Sonderfall" Sexpressung

✓ Sichern der E-Mail, in dem sie als Datei gespeichert wird.
✓ Weiterleitung der gespeicherten Datei als Anhang einer neuen E-Mail an ein spezielles E-Mail-Postfach (ggf. ohne Filterung).
✓ Auslesen des Headers.
✓ „Whois-Abfrage" mit der ausgelesenen IP-Adresse.
✓ Abfrage des Bitcoin-Wallet beispielsweise bei www.blockchain.com.
✓ Abgabe an die Fachdienststelle

6. Präventionsmaßnahmen

Grundsätzlich gilt, dass eine aktuelle Virenschutzsoftware installiert ist. Diese sollte, ebenso wie das Betriebssystem des Rechners, durch Updates aktuell gehalten werden. Mit der Virenschutzsoftware sollte nicht nur die aktuelle Sitzung am PC überwacht, sondern Festplatte und Speichermedien regelmäßig gescannt werden. Ferner sollten eigene und vor allem fremde Speichermedien (USB-Sticks, DVD/CD, externe Festplatte) vor dem Öffnen auf Viren geprüft werden.

VII Ransomware (Online-Erpressungen)

Auf dem PC sollte eine Firewall installiert sein.

Java sollte deaktiviert sein und nur bei wirklichem Bedarf kurzzeitig und manuell aktiviert werden.

Für jede Anwendung sollte ein eigenes Passwort generiert worden sein. Das Passwort nicht auf dem PC speichern bzw. neben dem PC verwahren.

Für Benutzer des PC sollten eigene Benutzerkonten ohne Administratorenrechte eingerichtet werden. Der Administrator erhält ein eigenes Konto. Alle Konten sollten jeweils mit einem Passwort versehen werden.

Darüber hinaus sollte beim Surfen im Netz genau gelesen werden, ob nach dem Seitenaufruf auch in der Adresszeile die Mailadresse steht, die besucht werden sollte.

Die in Webseiten (auch in seriösen) eingebundenen Links nicht wahllos anklicken.

Regelmäßig sollten die sich auf dem Rechner befindlichen Daten gespeichert werden. Das Erstellen von Backups ist ein unbedingtes Muss. Zwischenzeitlich erkennen diverse Schadprogramme, ob ein Backup vom angegriffenen PC erstellt wurde. Das Schadprogramm wartet dann so lange ab, bis der User ein neues Backup erstellt und für diesen Zweck die Backup-Festplatte am PC anschließt. Die Schadsoftware erkennt dies und greift erst jetzt an. Mit der Folge, dass nunmehr auch das Backup von der Schadsoftware angegriffen und ebenfalls verschlüsselt wird. Daher ist es spätestens aus diesem Grund erforderlich, ein zweites Backup zu erstellen. Die Sicherungsplatte sollte auch prinzipiell nicht ständig mit dem PC verbunden sein, um solche oder ähnliche Angriffe zu minimieren. Die Erstellung eines „Zweit-Backups" wird überdies schon länger empfohlen, denn wenn eine Festplatte defekt ist, nützt das beste Backup darauf ebenfalls nichts. Und mechanische Festplatten haben nun mal eine begrenzte Lebensdauer. Online-Backups oder eben eine zweite Festplatte sind daher heutzutage ein unbedingtes Muss für die Datensicherheit.

Erkennen von manipulierten Links

Allein die Gestaltung und Formulierung einer E-Mail lässt keinen Schluss mehr zu, ob es sich um eine Original-E-Mail oder um eine Fälschung handelt. Ferner können in diesen E-Mails auch alle Links frei benannt werden und müssen nichts mit der Originalseite zu tun haben. Welche Links nach dem Anklicken tatsächlich aufgerufen werden, lässt sich überprüfen, indem man mit dem Mauszeiger ohne zu klicken auf dem jeweiligen Link verweilt. Hier wird dann die tatsächliche Linkadresse angezeigt. Wie auf dem folgenden Bild einer falschen Bestellbestätigung zu erkennen ist, wird eine Webseite in Ungarn aufgerufen. Diese Webseite mit der Domain „www.adnatura.hr" wurde offensichtlich gehackt. Anschließend wurde die im Design von Amazon nachgebildete inkriminierte Seite von der Täterschaft auf dem Server in einem eigens eingerichteten Unterordner gehostet. Wird der Link angeklickt, erfolgt der Drive-by-Download einer Malware.

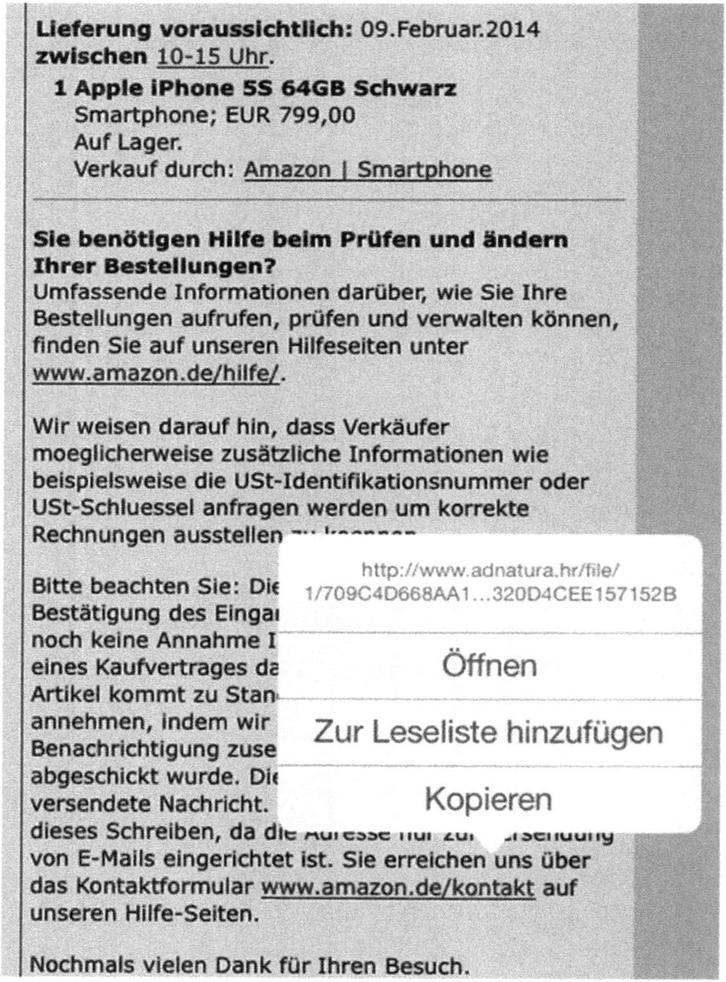

VII Ransomware (Online-Erpressungen)

Lieferung voraussichtlich: 09.Februar.2014
zwischen 10-15 Uhr.
  1 Apple iPhone 5S 64GB Schwarz
  Smartphone; EUR 799,00
  Auf Lager.
  Verkauf durch: Amazon | Smartphone

Sie benötigen Hilfe beim Prüfen und ändern Ihrer Bestellungen?
Umfassende Informationen darüber, wie Sie Ihre Bestellungen aufrufen, prüfen und verwalten können, finden Sie auf unseren Hilfeseiten unter www.amazon.de/hilfe/.

Wir weisen darauf hin, dass Verkäufer moeglicherweise zusätzliche Informationen wie beispielsweise die USt-Identifikationsnummer oder USt-Schluessel anfragen werden um korrekte Rechnungen ausstellen zu können.

Bitte beachten Sie: Die Bestätigung des Eingangs
noch keine Annahme
eines Kaufvertrages da
Artikel kommt zu Stan
annehmen, indem wir
Benachrichtigung zuse
abgeschickt wurde. Die
versendete Nachricht.

> http://www.adnatura.hr/file/
> 1/709C4D668AA1...320D4CEE157152B
>
> Öffnen
>
> Zur Leseliste hinzufügen
>
> Kopieren

dieses Schreiben, da die Adresse nur zur Versendung von E-Mails eingerichtet ist. Sie erreichen uns über das Kontaktformular www.amazon.de/kontakt auf unseren Hilfe-Seiten.

Nochmals vielen Dank für Ihren Besuch.

Abbildung 14: Angebliche Mail von „Amazon". Alle dort aufgeführten Links führen nicht zu Amazon, sondern zu einer manipulierten Webseite (http://www.adnatura.hr/file/...), wo nach dem Aufruf gefährliche Malware heruntergeladen wird.

VIII. Telefonanlagen- und Router-Hacking

1. Phänomenbeschreibung

Seit Mitte des Jahres 2013 scheint ein neues Phänomen vermehrt in Erscheinung zu treten: Das **Hacken von Telefonanlagen**. Waren ursprünglich meist mittelständische Firmen betroffen, werden nunmehr vermehrt auch Privatpersonen angegangen.

Betroffene Firmen dürften in der Vortatphase insbesondere durch Recherchen im Internet oder mittels Telefonbuch bzw. „Gelbe Seiten" von Tätern ausgekundschaftet worden sein. Die Täter konnten sich sicher sein, dass größere Betriebe, darunter fielen auch Rechtsanwaltskanzleien und Steueranwälte, in ihren Geschäftsräumen regelmäßig Telefonanlagen betreiben.

Diverse Anlagen mit Internetzugang oder auch Internet-Router mit integrierter Telefonanlage (z. B. Fritzbox) können aber auch im Netz identifiziert werden. Insbesondere dann, wenn die Anlage so konfiguriert ist, dass von unterwegs auf den Festplattenspeicher zugegriffen werden kann, Telefondienste wie *Callthrough*[46] oder Mailboxen geschaltet sind oder auch nur der Fernwartungsdienst nutzbar ist. Aber auch ohne die Verwendung solcher Dienste können durch professionelle Netzwerkscans solche Anlagen festgestellt werden. Dies gilt prinzipiell für Anlagen aller Hersteller.

Die nächste Hürde für den Täter ist das Erkennen des Anlagentyps. Durch einfache Anrufe und Hören des Ansagetextes sollen einige Täter bereits den jeweiligen Anlagentyp erkennen können. Aber auch die Analyse von Verkaufsstatistiken erhöht die Chancen, auf genau

---

[46] Z. B. bei der „Fritzbox": Hier wählt der Kunde über eine zugewiesene Festnetz-/IP-Nummer die Anlage an. Nach Eingabe einer PIN und anschließend der Zielwahlnummer wird er dann mit dieser Nummer verbunden. Hierbei wird die Rufnummer übermittelt, die in der „Fritzbox" eingestellt ist. Für den Angerufenen hat es somit den Anschein, dass der Anruf unter jener Nummer erfolgt. Für den Anwender hat dies den Vorteil, dass er z. B. mit seiner „Bürotelefonnummer" anrufen kann, ohne im Büro zu sein. Ein weiterer Vorteil besteht darin, dass z. B. bei Anrufen vom Handy aus ins Ausland eine günstige Flat vom Festnetz in Anspruch genommen werden kann, da Anrufe vom Mobilfunknetz ins Ausland derzeit im Verhältnis noch immer sehr teuer sind.

ein solch massenhaft verkauftes Gerät zu treffen. Bei Auslieferung und beim Anschluss ist die jeweilige Telefonanlage mit einem Standardkennwort versehen. Dieses sollte nach Anweisung des Aufstellers bzw. Verkäufers sofort geändert werden, was in nahezu allen Fällen vom Kunden jedoch nicht befolgt wird. Im Internet sind zudem viele Standardkennwörter recherchierbar, so dass es in Folge für den Täter ein Leichtes ist, sich Zugang zur Anlage zu verschaffen und die selbige zu manipulieren.

Bei Routern mit integrierter Telefonanlage verschaffen sich die Täter Zugang, indem sie Malware auf den PC aufspielen, der die Kennwörter mitliest (Keylogger). Oder die Anlage selbst wird angegriffen, wobei die Zugangsdaten abgegriffen werden, die dann auf beliebigen Täter-Anlagen eingesetzt werden können.

2. Möglichkeiten der Bereicherung

Es bestehen prinzipiell drei Möglichkeiten der Bereicherung. Welcher Typ genau vorliegt, lässt sich anhand des Verbindungsprotokolls, welches dem Geschädigten von seinem Provider vorliegt, gut erkennen.

2.1 Kostenersparnis

In früheren Jahren, wo Auslandsgespräche sehr viel Geld kosteten, waren Manipulationen von Geldkarten und die widerrechtliche Nutzung von Telefonanlagen an der Tagesordnung. Durch Callshops mit Billigtarifen gab es für diese Manipulationen später allerdings kaum mehr Bedarf. Für nur wenige Euro konnte man sehr lange in weit entfernte Länder telefonieren. Aus diesem Grund tritt diese Vorgehensweise heutzutage kaum mehr in Erscheinung. Legt der Geschädigte die Verbindungsliste vor, auf der nur eine oder wenige spezielle ausländische Rufnummern für längere Zeit – also für mehrere Minuten bis hin zu ganzen Stunden – missbräuchlich angewählt worden sind, liegt in der Regel dieser Modus Operandi vor. Im Normalfall stellt diese Rufnummer einen geeigneten Ermittlungsansatz dar; soweit es sich nicht um eine ausländische Telefonzelle oder Hotelanlagen etc. handelt.

2.2 Mehrwertdienste

Bei Mehrwertdiensten erhält der Betreiber einen gewissen Betrag des Verbindungsentgeltes ausgezahlt. Mehrwertdienste können nicht nur in Deutschland, sondern auch im Ausland beantragt und geschaltet werden. Um möglichst viel Umsatz zu produzieren, hacken Täter Telefonanlagen, um die kostenpflichtigen Dienste anzurufen. Dem Geschädigten wird dabei der Betrag auf der Telefonrechnung belastet, der Täter ist bereichert.

Auch ausländische Mehrwertnummern sind als solche erkennbar. In der Regel geben ausländische Datenbanken – ähnlich der Bundesnetzagentur – Auskunft über Inhaber und Dienst. Oftmals wählen aber Betreiber bewusst für Behörden schwer erreichbare Inselgruppen oder betreiben den Dienst nur für kurze Zeit, so dass etwaige Ermittlungen auf dem Rechtsweg ins Leere laufen. Die Firmen werden zudem oft mit einer falschen Legende betrieben, so dass auch hier Ermittlungen erfolglos bleiben.

2.3 Bereicherung durch Transit- und Terminierungsentgelte

Sehr raffiniert ist die Bereicherung durch **Transit- und Terminierungsentgelte**. Wird von Deutschland aus eine ausländische Rufnummer angerufen, wird zunächst eine Verbindung zum lokalen Provider hergestellt. Diese Verbindung wird in Folge über weitere Provider in Richtung Zielland aufgebaut. An der Kommunikation sind somit nicht nur der deutsche, inländische, sondern auch mehrere Provider in Reihe beteiligt. Für die Gespräche ins Ausland bedient sich der deutsche Provider eines Kontingents, welches er bei einem ausländischen Anbieter erworben hat. Das heißt, er kauft bei einem anderen Provider Gesprächsguthaben ein und kann mit diesem Guthaben seine Kunden bedienen, ähnlich einer Flat. Ist das Guthaben aufgebraucht, ist der Provider gezwungen, weitere Kontingente zu erwerben. Hier kommt nun der betrügerische Provider ins Spiel. Dieser kauft wiederum weltweit bei anderen Providern und nur für ein spezielles Land – hier eignet sich ein Land, in das von Deutschland aus kaum Gespräche geführt werden – Kontingente ein. Er hat nach den Käufen eine gewisse Monopolstellung erzielt. Wenn die offiziellen Kontingente der (deutschen) Provider überschritten sind, müssen diese, wie beschrieben, weitere Kontingente erwerben. Der Erwerb läuft hierbei börsenähnlich ab, Angebot und Nachfrage regeln den Markt. Der Provider mit der Dominanzstellung kann somit günstig Kontingente verkaufen.

Der betrügerische Provider muss nun dafür Sorge tragen, dass in das Land, in dem er Kontingente anbietet, mit hoher Frequenz telefoniert wird. Dies schafft er, indem er Telefonanlagen hackt bzw. durch Mittäter hacken lässt und über diese Anlagen jenes Land, für das er Kontingente anbietet, anwählt. So werden die deutschen Provider irgendwann gezwungen, „seine" Kontingente aufzukaufen.

2.3.1 Der betrügerische Provider kassiert doppelt

Für ein vermitteltes Gespräch erhält jeder beteiligte Provider eine kleine Summe aus den gesamten Gesprächsgebühren, die beim Anruf fällig werden und die der Anrufer zu zahlen hat. Ein Anruf von Deutschland nach Tuvalu (Inselgruppe bei Australien) kostet beispielsweise 82 Cent/Minute. Angenommen, an der Verbindung sind auf regulärem Weg fünf Provider beteiligt. Weiter angenommen verdient jeder Provider gleich viel, also 16,4 Cent/Minute an der Verbindung. Wenn sich der betrügerische Provider bereits an der zweiten Vermittlungsstelle befindet, erhält er von dem ersten Provider noch 65,6 Cent/Minute. Er müsste, wenn die Verbindung rechtmäßig aufgebaut worden wäre, nach Abzug seiner 16,4 Cent Gewinn 49,2 Cent/Minute an die folgenden Provider abgeben, da ja jeder der Provider im Rechenbeispiel 16,4 Cent/Minute „verdient".

2.3.2 Cold Stop

Der betrügerische Provider ist jedoch in der Lage, auch die Gewinne dieser nachfolgenden Provider einzustreichen. Hierbei teilt er lediglich dem ersten Provider mit, dass die Verbindung zum Angerufenen aufgebaut wurde. In Wirklichkeit täuscht er dies aber nur vor. Der im Beispiel dritte, vierte und fünfte Anbieter sind überhaupt nicht mehr involviert. Somit muss der betrügerische Provider auch keine Gebühren an die nachfolgenden entrichten. Er kann die komplette Summe – hier also 65,6 Cent/Minute – einbehalten. Der getäuschte erste Provider rechnet mit den Kunden so ab, als bestünde eine Verbindung. Dieses Vorgehen wird als **„Cold Stop"** bezeichnet. Die Zielnummer im Ausland muss somit überhaupt nicht existent sein. Der betrügerische Provider kennt die entsprechenden Nummern, die über ihn laufen und die er nicht weiter vermitteln muss. Vielfach werden auch Mobilfunkrufnummern oder Nummern von Hotels verwendet. Im Falle einer betrügerischen Verbindung „klingelt" es bei diesen Apparaten überhaupt nicht. Ermittlungsansätze stellen diese Auslandsrufnummern folglich in der Regel nicht dar. Dieser Modus Operandi liegt meist dann vor, wenn auf dem Verbindungsnachweis des Geschädigten massenhaft ein bestimmtes Land und eine oder mehrere Rufnummern frequentiert (in Bezug auf Anrufdauer und Verbindungsanzahl) kontaktiert werden.

3. Strafrechtliche Relevanz

§ 263a Abs. 1 StGB (Computerbetrug) liegt in der Regel vor, da der Täter sich einen rechtswidrigen Vermögensvorteil verschafft, indem er durch unbefugte Verwendung von Daten einen anderen schädigt. Der Täter hat einen Zugang (durch PIN und Benutzerkennung) erlangt, welcher ihm nicht zusteht.

§ 202a StGB (Ausspähen von Daten) liegt in der Regel nicht vor, da der Täter keine Daten ausspäht. Er „nutzt" lediglich Daten(-verbindungen). Das Verschaffen von Zugangskennwörtern an sich fällt in der Regel nicht unter diese Vorschrift. Auch soll die bloße Installation von Programmen (früher insbesondere Dialer) oder Einwahlnummern zum Herstellen einer Verbindung mit Verbindungsgebühren den Tatbestand nicht verwirklichen. Hier fehlt es bislang noch an einschlägigen Rechtsprechungen.

§§ 303a und 303b StGB (Datenveränderung bzw. Computersabotage) kann vorliegen, wenn der Täter weitere Internetrufnummern hinzufügt, um diese zu nutzen oder generell Daten verändert (z. B. Zugangsdaten, damit der Geschädigte den Menübereich nicht mehr aufrufen kann).

4. Zivilrechtliche Relevanz

§ 823 Abs. 2 BGB (Schadenersatzpflicht – Verletzung von Schutzgesetzen). Sowohl die Norm des § 263a StGB als auch die §§ 303a und 303b StGB stellen die geforderten Schutzgesetze dar.

§ 823 Abs. 1 BGB (Schadenersatzpflicht – allgemeine Haftungsgrundlagen) nicht, da weder eine Substanzverletzung noch eine Beeinträchtigung der Nutzung der Telefonanlage vorliegt.

5. Checkliste für die Ermittlungspraxis

- ✓ Anlagentyp genau beschreiben lassen.
- ✓ Anlagenaufsteller bzw. -service erheben, soweit vorhanden.
- ✓ Wurden Kennwörter verwendet?
- ✓ Wird am PC ein Virenschutz verwendet und wann wurde dieser zuletzt aktualisiert?
- ✓ Verbindungsnachweis einholen.
- ✓ Wie hat der Telefonprovider auf die Meldung des Kunden reagiert?

6. Präventionsmaßnahmen

Es sollten lediglich Dienste aktiviert sein, die auch tatsächlich genutzt werden.

Ebenso wie am Computer sollten regelmäßige Updates an der Telefonanlage durchgeführt werden.

Auch bei der Telefonanlage muss ein sicheres Passwort verwendet werden. Die Voreinstellung muss nach Inbetriebnahme sofort geändert werden.

Auch bei einer Telefonanlage gilt es, ein Passwort zu verwenden, das ausschließlich für die Anlage und nicht bei einer anderen Plattform verwendet wird.

Die Telefonrechnung sollte regelmäßig überprüft werden.

Um einen möglichen Schaden möglichst gering zu halten, sollte ein Höchstbetrag für Gespräche eingerichtet werden.

0900er bzw. sonstige Mehrwertdienste – soweit nicht benötigt – sperren lassen. (Achtung: Diverse seriöse Servicehotlines verwenden ebenfalls Mehrwertdienst-Rufnummern, die dann nicht mehr erreichbar sind, wenn eine Komplettsperrung eingerichtet wird.)

Zudem sollte die Möglichkeit genutzt werden, Auslandsgespräche mit Verbindungen zu teuren bzw. nicht benötigten Tarifzonen sperren zu lassen respektive diese Sperrung selbst einzurichten.

IX. Finanzagent, Warenagent

1. Phänomenbeschreibung

Um nach Phishing-Attacken den Weg von illegal abgebuchtem Geld oder mit gestohlenen Kredit- oder Bankkartendaten bestellter Ware zu verschleiern, bedient sich der Straftäter eines Finanz- bzw. eines Warenagenten. Diese werden über „Stellengebote" in Zeitungen oder Zeitschriften, mit SPAM-Mails, Angeboten in sozialen Netzwerken oder mittels eigens geschalteter Websites, auf die von regulären Seiten aus verlinkt wird, angeworben.

Das folgende Beispiel zeigt den Text einer solchen Werbemail:

> „Unsere Firma ist auf der Suche nach einem Versandagenten. 20 €/Stunde
>
> Wir eröffnen regelmäßig neue Warenhäuser und Büros in verschiedenen Städten. Aus diesem Grund haben wir regelmäßig neue Stellen zu vergeben.
>
> Anforderungen:
> - motivierte und engagiert Mitarbeiter
> - Verantwortungsbewusstsein
> - Ehrlichkeit
> - mindestens 3 Stunden am Tag erreichbar
> - eine kommunikative Fähigkeit
>
> Aufgaben:
> - Annahme und Bearbeitung von Bestellungen
> - Kunden kontaktieren
> - Protokolle [sic!] erstellen
> - Pakete verschicken
>
> Vergütung:
> - Auswahl zwischen Teilzeit und Vollzeit arbeiten
> - Alltags Zahlung an PayPal-Konto
> - bezahlte Probezeit
> - Karrieremöglichkeiten
>
> Bewirb dich jetzt! Sende deine Bewerbungsunterlagen per E-Mail an uns: info@logistik-sparr.com
>
> Ihr Logistik-Sparr-Team"

Der dort angebotene Nebenjob oder gar die hauptamtliche Berufsausübung besteht darin, ein Konto für Transferzahlungen zur Verfügung zu stellen (**Finanzagent**). Alternativ werden die Bewerber dazu missbraucht, Waren in Empfang zu nehmen, die mit ausspionierten Konto- oder Kreditkartendaten auf Kosten der Opfer bezahlt wurden (**Waren- oder Paketagent**).

Im ersten Fall soll der frisch angeworbene Agent ein Konto auf seinen Namen einrichten und es dem Täter zur Überweisung von Geldbeträgen zur Verfügung stellen. Darauf eingegangene Zahlungen werden dann bar abgehoben und über Geldtransferservices (z. B. „Western Union", „Moneygram" oder „Ukash") ins Ausland weitergeleitet. Hierzu ist es notwendig, einen Voucher zu erwerben. Auf diesem ist neben dem Wert auch ein Code angeführt. In den Filialen des jeweiligen Unternehmens kann unter Vorlage des Codes das Geld in bar wieder ausgezahlt werden. Oftmals wird dabei keine Identitätsprüfung durchgeführt. Für seine Tätigkeit darf er einen bestimmten Prozentsatz des Geldes als Provision behalten.

Im zweiten Fall erhält der Agent an seine Postanschrift oder an eine Packstation, wo er unter seinem Namen ein Fach angemietet hat, Warensendungen. Meist sind dies hochwertige und damit auch hochpreisige Elektroartikel. Diese nimmt er entgegen, packt sie ggf. um und versendet sie weiter. Die Weitersendung erfolgt im Regelfall ins Ausland oder an eine andere Packstation, wo die Täterschaft unter falscher Identität eine Paketbox angemietet hat. In beiden Fällen ist weder der Weg des Geldes noch der der Waren nachvollziehbar – der Täter verwischt so seine Spuren.

Allerdings rückt der Finanz- oder Warenkurier in den Focus polizeilicher Ermittlungen.

Video-Ident-Betrug

Eine weitere Masche stellt der Video-Ident-Betrug dar. Wer heutzutage einen Mobilfunkvertrag abschließen oder ein Online-Bankkonto eröffnen möchte, muss sich mit einem Ausweisdokument identifizieren. Diese Identifikation kann beispielsweise mit dem **Video-Ident-Verfahren** durchgeführt werden. Hierbei muss die Person zur Überprüfung den Ausweis vor die Webcam halten, so dass der Mitarbeiter die Daten mit der vorherigen Eingabe im Webformular abgleichen kann. Die Mitarbeiter sind dabei geschult, auch Passfälschungen erkennen zu können. Auch wird das im Ausweis vorhandene Lichtbild mit der Person verglichen, die vor der Webcam sitzt. Da ein Täter nicht vor einer Webcam auftreten kann – das Identverfahren wird aufgezeichnet – sucht er Opfer, die das für ihn erledigen. Hierbei denkt er sich verschiedene Geschichten aus. Bei der Variante „Jobangebot" wird ein Jobsuchender dazu verleitet, sich per Video-Ident zu identifizieren, damit der angebliche Arbeitsvertrag zugeschickt werden kann. Oft wird diesbezüglich auch vorgespielt, ein spezielles Konto eröffnen zu müssen, das für die Lohnauszahlung erforderlich sei. Ähnliche Maschen laufen ab bei der Variante „Wohnungssuche" ab. Hier wird vorgegaukelt, ein Kautionskonto eröffnen zu müssen, ehe man den Zuschlag für die Wohnung bzw. auch nur einen Besichtigungstermin erhält. Gerade in Ballungsräumen sind viele Wohnungssuchende bereit, ungewöhnliche Methoden zu akzeptieren. Bei der Variante „Produkttester" geben die Täter vor, die Eröffnung eines Bankkontos an sich bzw. die dazugehörige Banking-App zu testen. Jedes Jahr kommen hier weitere Varianten dazu. Die Täter sind hier äußerst einfallsreich.

Schützen kann man sich vor diesem Betrug, wenn man dem Anbieter des Video-Ident-Verfahrens genau erklärt, warum man sich identifizieren soll. Oft wird hier schon erkannt, dass die beiden Interessen unterschiedlich sind. Generell sollte man auch mit der Preisgabe personenbezogener Daten – insbesondere den Ausweisdaten – äußerst vorsichtig und zurückhaltend sein.

An dieser Stelle sei auch erwähnt, dass auch das Verschicken von Ausweiskopien aus ähnlichem Zweck ebenfalls mit Vorsicht zu genießen ist. Auch hier kann mit den Kopien Missbrauch betrieben werden.

2. Strafrechtliche Relevanz

Finanzagent
§ 261 Abs. 1 Nr. 4, Abs. 5 StGB (Geldwäsche), da er leichtfertig die Herkunft von Geldleistungen, die aus einer Straftat des Computerbetruges § 263a StGB) stammen, verschleiert oder die Ermittlung der Herkunft oder das Auffinden des Geldes vereitelt oder gefährdet. Unterstellt wird, dass der Finanzagent bzw. Finanzkurier hätte erken-

nen können, dass das von ihm weitertransferierte Geld aus einer rechtswidrigen Tat eines anderen stammt.

§ 54 Abs. 1 Nr. 2 KWG i. V. m. § 32 Abs. 1 S. 1 KWG (Verbotene Geschäfte, Handeln ohne Erlaubnis), da er im Inland ohne Erlaubnis Finanzdienstleistungen in Form der Besorgung von Zahlungsaufträgen angeboten bzw. durchgeführt hat.[47]

§§ 263a, 27 StGB (Beihilfe zum Computerbetrug).[48] Mithilfe von abgefischten TAN bzw. Angriffen auf den Vorgang des Onlinebanking wird Geld vom Konto des Geschädigten abgebucht. Damit nicht der Phishing-Täter Ziel der Ermittlung von Strafverfolgungsbehörden wird, bedient er sich eines Helfers, die des Finanzagenten. Dieser leistet Beihilfe zum Computerbetrug, da er dem Haupttäter bei dessen vorsätzlich begangener Straftat des Computerbetruges Hilfe leistet. Er transferiert Geld über Bezahlservices auf andere (ausländische) Konten, so dass der Täter bzw. die Tätergruppe im Genuss ihres illegal erworbenen Gewinns bleiben kann. Allerdings wird diese Rechtspraxis auch kritisch gesehen.[49]

Warenagent

§§ 263, 27 StGB (Beihilfe zum Betrug) ist gegen den Warenagenten zu prüfen, da er durch die Entgegennahme und Weiterversendung von Waren dem Haupttäter Hilfe leistet. Dieser Haupttäter verschafft sich absichtlich einen rechtswidrigen Vermögensvorteil, indem er mit fremden Kreditkarten- oder Bankkartendaten Waren via Internet bestellt. Dadurch beschädigt er das Vermögen eines anderen, da dessen Konto mit der Abbuchung des Gegenwertes der Waren belastet wird. Dies gelingt dem Haupttäter dadurch, da er dem Onlinehändler vorspiegelt, eine andere Person zu sein, die auch bereit und in der Lage ist, die bestellten Waren zu bezahlen. Tatsächlich hat der Geschädigte die Waren aber nie bestellt bzw. weiß nichts vom

---

[47] Vgl. *AG Darmstadt* Az. 212 Ls 360 Js 33848/05 v. 11.1.2005; *AG Überlingen* Az. 1 Cs 60 Js 26466/05 AK 183/06 v. 1.6.2006; *AG Neunkirchen* Az. 11 Ds 33 Js 1148/06 (27/07) v. 13.3.2007.
[48] Siehe näheres zum Urteil des *AG Hamm* v. 5.9.2005 unter www.jurpc.de/rechtspr/20060091.pdf (zuletzt aufgerufen 22.4.2020).
[49] Vgl. Aufsatz von *Jens Gruhl* „Nicht nur Geheimagenten leben gefährlich – sondern auch ‚Finanzagenten'" unter www.jurpc.de/aufsatz/20070020.htm (zuletzt aufgerufen 22.4.2020).

Bestellvorgang. Um sich nicht in den Focus polizeilicher Ermittlungen zu stellen verwischt der der Haupttäter seine Spuren und lässt die bestellten Waren an den zuvor angeworbenen Warenagenten senden.

3. Zivilrechtliche Relevanz

Sowohl Finanz-[50] als auch Warenagent[51] sind schadenersatzpflichtig § **823 Abs. 1 BGB** (Schadenersatzpflicht – allgemeine Haftungsgrundlagen) und ggf. § **823 Abs. 2 BGB** (Schadenersatzpflicht – Verletzung von Schutzgesetzen bei vorsätzlicher Begehungsweise). Sowohl § 261 Abs. 1 und 2 StGB als auch § 263 StGB sind Schutzgesetze i.S. der Vorschrift.

4. Checkliste für die Ermittlungspraxis

Bei Finanzagenten (F) bzw. Warenagenten (W), die mit einer E-Mail angeworben werden, sollten folgende Punkte beachtet werden:

- ✓ Der **erste Angriff** erfolgt durch die Schutzpolizei, die Endsachbearbeitung durch die Kriminalpolizei.
- ✓ Sicherstellung bzw. Speicherung des E-Mailverkehrs mit dem Anwerber (F/W).
- ✓ Auslesen des Headers (F/W).
- ✓ Sicherstellung der Kontounterlagen des betroffenen Kontos (F).
- ✓ Sicherstellung der Belege über den Transfer des Geldes (F).
- ✓ Feststellung der IP-Adresse des Computers, von der aus Bestellung aufgegeben wurde (W).
- ✓ Feststellung der Adresse bzw. der Packstation, an die das Paket weitergeleitet wird (W).
- ✓ Erstattet ein Finanz- bzw. Warenagent selbst Anzeige gegen sich, da ihm die Illegalität seines Handelns bewusst wurde, ist er zunächst als Zeuge zu vernehmen und nach § 55 StPO zu belehren. Zudem sollte er darauf hingewiesen werden, dass gegen ihn wahrscheinlich ein Strafverfahren nach § 261 StGB sowie § 54 Abs. 1 Nr. 2 KWG i. V. m. § 32 Abs. 1 S. 1 KWG eingeleitet wird.

---

50 Vgl. *BGH* Urteil v. 19.12.2012, Az. VIII ZR 302/11.
51 Vgl. *LG Hamburg* Urteil v. 18.5.06, Az. 334 O 10/06.

5. Präventionsmaßnahmen

Offensive Aufklärung und Information der Öffentlichkeit (Presse, Jahresberichte, Vorträge) in Zusammenhang mit ermittelten oder zur Anzeige gebrachten Fällen.

Sensibilisierung der Kunden bzw. der Leser von Annoncenblättern über offene Stellen bzw. Nebenbeschäftigungen durch Schaltung eigener (Info)-Anzeigen. Verbunden werden kann die Information mit einem Hinweis auf das Missverhältnis zwischen Tätigkeit und Verdienst.

Auslegen von Infofaltblättern (Beispielsweise „Dubioses Stellenangebot: Finanzagent" des Bundesverbandes deutscher Banken e.V., Berlin[52]).

Unaufgefordert zugesandte Mails mit Angeboten über einen lukrativen Nebenverdienst sollten umgehend gelöscht und auf gar keinen Fall beantwortet werden.

Tätigkeiten, für deren Durchführung das eigene Konto zur Verfügung gestellt oder Pakete in Empfang genommen und umverpackt werden müssen, sollten abgelehnt werden.

---

[52] Download oder Bestellung der Broschüre unter https://bankenverband.de/publikationen/broschueren/dubioses-stellenangebot-finanzagent/ (zuletzt aufgerufen 22.4.2020).

X. Urheberrecht

1. Phänomenbeschreibung

Die Regelungen des Urheberrechtes (Gesetz über Urheberrecht und verwandte Schutzrechte – Urheberrechtsgesetz, UrhG) gelten auch bei der Nutzung des Internets. Und zwar sowohl beim Bezug des Angebots aus dem Netz, als auch bei der Gestaltung von Inhalten, die unter anderem im Netz wieder veröffentlicht werden. Geschützt werden das geistige Eigentum und das Verwertungsrecht (§ 11 UrhG). Tatbestände ergeben sich aus § 106 UrhG in Form der Vervielfältigung, des Verbreitens und der öffentlichen Wiedergabe. Den Schutz des Urheberrechtes genießen dabei die in § 2 UrhG aufgezählten Werke. Darunter fallen speziell mit Bezug auf die Nutzung des Internets „Sprachwerke wie Schriftwerke, Reden und Computerprogramme, Werke der Musik, Werke der bildenden Künste einschließlich der Werke der Baukunst und der angewandten Kunst und Entwürfe solcher Werke, Lichtbildwerke [...], Filmwerke [...] oder Darstellungen wissenschaftlicher oder technischer Art wie etwa Zeichnungen, Pläne, Karten, Skizzen, Tabellen [...]".[53] Werke selbst sind nach dieser Vorschrift persönliche geistige Schöpfungen. Die Anforderungen an ein Werk, die so genannte „Schöpfungshöhe", sind dabei eher gering.

Allerdings ergeben sich aus dem Gesetz auch Einschränkungen des Urheberrechts. Es billigt der Allgemeinheit das Recht zu, geschützte Werke in beschränkten Umfang zu nutzen. So sind beispielsweise die Vervielfältigung zum privaten und sonstigen eigenen Gebrauch (§ 53 UrhG) einer CD oder DVD, umgangssprachlich als „Privatkopie" bezeichnet, sowie die Sicherungskopie eines Computerprogramms erlaubt. Verstöße gegen das Urheberrechtsgesetz können jedoch insbesondere das Herunterladen und/oder Tauschen von Musik- und Filmdateien sowie das Kopieren von Texten und Bildern aus dem Netz sein – auch wenn es zu nichtkommerziellen Zwecken geschieht.

---

53 § 2 UrhG.

1.1 Kopieren von Texten, Bildern, Musik-, Filmdateien oder Computerprogrammen

Nicht alles, was im Internet veröffentlicht wurde, ist automatisch für jedermann frei verfügbar. Die Bestimmungen des Urheberrechtsgesetzes werden auch nicht aufgehoben, wenn Bilder, Texte, Musik, Filme oder Computerprogramme zu rein privaten, nichtkommerziellen Zwecken verwendet werden. § 16 UrhG spricht hierbei von einem Herstellen von Vervielfältigungsstücken eines Werkes, gleichviel ob vorübergehend oder dauerhaft, in welchem Verfahren und in welcher Zahl. Das Verwenden von Bildern, Texten, Filmen oder Musikstücken beispielsweise für Vorträge oder auf der Profilseite bei sozialen Netzwerken bzw. der eigenen Homepage ist an bestimmte Voraussetzungen gebunden. Für diese Nutzung (Vervielfältigung) gilt, dass entweder das Einverständnis des Urhebers über die Nutzungsrechte vorliegt oder es ist jeweils eine „angemessene Vergütung"[54] an den Berechtigten (Urheber oder Rechteinhaber) zu bezahlen. Eine Quellenangabe allein reicht nicht aus.

Ausnahmen für Schulen und Hochschulen (sog. Schulprivilegien[55]) lässt das Urheberrecht explizit zu. Regelungen dafür finden sich im 6. Abschnitt des Urheberrechts. Zum 1.3.2018 wurden die meisten Regelungen für den Einsatz von Medien bzw. „Werken" im Unterricht im § 60a UrhG zusammengefasst. Zu nichtkommerziellen Zwecken dürfen 15 % eines veröffentlichten Werkes vervielfältigt, verbreitet, öffentlich zugänglich gemacht und in sonstiger Weise wiedergegeben werden, wenn die Nutzung, vereinfacht dargestellt, dem Unterricht oder der Lehre an Bildungseinrichtungen (Kindergärten und -horte, Schulen, Hochschulen, Einrichtungen der Berufsbildung oder der sonstigen Aus- und Weiterbildung) dient. In Verknüpfung mit dem Gesamtvertrag zur Einräumung und Vergütung von Ansprüchen nach § 53 UrhG vom 1.1.2019[56] in Verbindung mit dem Gesetz zur Angleichung des Urheberrechts an die aktuellen Erfordernisse der Wissenschaft (Urheberrechts-Wissensgesellschafts-Gesetz – Urh-

---

54 Wortlaut aus verschiedenen Vorschriften des UrhG.
55 Vertiefend u. a. bei http://dozenten.alp.dillingen.de/mp/recht/medrecht+schule_alp.pdf; https://www.urheberrecht.de/schule/; http://schulbuchkopie.de/.
56 Siehe https://www.schulportal-thueringen.de/get-data/1c1e74ec-1afe-4a47-aec1-ff37341e20f6/Gesamtvertrag_Vervielfaeltigungen-an-Schulen_2018-12-20.pdf (zuletzt aufgerufen 22.4.2020).

WissG)[57] ist eine praxisnahe Anwendungsmöglichkeit für Lehrkräfte und Lehrende entstanden.

Ebenfalls eine Ausnahme stellt die Anfertigung einer „Privatkopie-" dar. Diese darf von bestehenden Werken für den eigenen Bedarf oder für persönlich verbundener Personen (Familienangehörige, Freunde) von vorhandenen Datenträgern erstellt werden. Allerdings dürfen nur einzelne Vervielfältigungsstücke hergestellt werden. Das bedeutet, dass sich die Kopie auch auf ein einzelnes Stück beschränken kann. Zudem ist nicht gestattet, dass ein vorhandener bzw. extra vorgesehener Kopierschutz mit technischen Mitteln umgangen wird, um das Werk (z. B. eine Musik-CD, eine Film-DVD, ein Computerprogramm oder ein Computerspiel) zu kopieren. Strafbewehrt ist dies aber lediglich für die berufliche oder kommerzielle Nutzung (§ 108b Abs. 1 Nr. 1 UrhG, unerlaubte Eingriffe in technische Schutzmaßnahmen und zur Rechtewahrnehmung erforderliche Informationen; zivilrechtliche Schritte wie z. B. Schadenersatz und Anspruch auf Unterlassung sind jedoch möglich). Computerprogramme und Datenbanken sind hiervon allerdings ausgeschlossen. Hier dürfen lediglich „Sicherungskopien" erstellt werden, die durch berechtigte Personen benutzt werden (§§ 69a ff. UrhG bzw. §§ 87a ff. UrhG).

1.2 Tauschbörsen für Musikstücke, Filme oder Computerdateien, filesharing

Das Teilen von Dateien – **filesharing** – umschreibt den direkten Datenaustausch in einem Netzwerk. Unerheblich dabei ist, wo die Daten gespeichert sind. Dies kann auf der heimischen Festplatte (Peer-to-Peer-Netzwerk) oder einem Server sein. Mit Hilfe von Browsern, erweiterten Browsern (Add-on) oder speziellen Programmen können die User einerseits auf die von anderen Nutzern hochgeladenen Dateien zugreifen und diese auf ihren Rechner kopieren. Andererseits können sie Dateien selbst zum Kopieren anbieten. Treffender wäre deshalb der Ausdruck „Kopierbörse". Beides, der Download von urheberrechtlich geschützten Werken wie der Upload solcher Werke, um sie anderen Teilnehmern nutzbar zu machen, ist nicht gestattet.

---

57 Siehe https://www.bgbl.de/xaver/bgbl/start.xav#__bgbl__%2F%2F*%5B%40attr_id%3D%27bgbl117s3346.pdf%27%5D__1584006856569 (zuletzt aufgerufen am 22.4.2020).

Oftmals ist nicht bekannt, dass bei Tauschbörsen der Upload automatisch, meist schon mit Installation des entsprechenden Programms, stattfindet und dies dem Nutzer des Programms gar nicht bewusst ist. Trotzdem macht er sich deswegen strafbar und kann zudem zivilrechtlich belangt werden.

Das straffreie Herunterladen von Musiktiteln sowohl von Tauschbörsen als auch allgemein aus dem Netz ist nach § 53 UrhG nur dann zulässig, wenn es sich um einzelne Vervielfältigungen (Privatkopie) handelt, die keinem unmittelbaren oder mittelbaren Erwerbszwecken dienen und zur Vervielfältigung keine offensichtlich rechtswidrig hergestellte oder öffentlich zugänglich gemachte Vorlage verwendet wurde. Diese legalen Möglichkeiten des filesharing bieten oft noch unbekannte Künstler (Newcomer) an, um sich dadurch ein breiteres Publikum zu erschließen. Etablierte Gruppen dagegen machen auf diesem Wege gerne Werbung für eine ihrer Neuerscheinungen. Beide sparen dadurch Serverkapazitäten respektive auch Geld für die Speicherung dort. Eine weitere Option, Daten legal zu kopieren, sind Werke, die in einer freien Lizenz veröffentlicht wurden. Bekannte freie Lizenzen sind u. a. die „GNU Free Documentation License" oder „Creative-Common" und für freie Software beispielsweise die „BSD License" oder die „GNU General Public License". Ebenfalls möglich, wenn auch selten, ist die Nutzung von Daten, wenn deren Schutzfristen abgelaufen sind.

1.3 Streaming

Beim Streamen ist zu unterscheiden zwischen dem **Live-Streaming**, bei dem ein Beitrag direkt über die Website des Anbieters in Echtzeit angesehen wird, und dem **On-Demand-Streaming**. Hierbei werden die bei Mediatheken oder Film- bzw. Videoportalen angeforderten Daten in einer stark komprimierten Form zunächst via Internetprotokoll auf den Rechner des Nutzers gesandt. Damit dann beispielsweise ein Film frei von Unterbrechungen läuft, werden die Daten im Cache zwischengespeichert. Um den Film ansehen zu können, ist in beiden Fällen eine Software notwendig. Entweder ein spezielles Wiedergabeprogramm oder ein Plug-in, das in einem Webbrowser integriert ist.

X Urheberrecht

Ob das Streamen von Musiktiteln und Filmen eine unerlaubte Vervielfältigung nach § 106 UrhG darstellt, ist höchstrichterlich noch nicht geklärt. Einerseits beruft sich die Musik- und Filmindustrie darauf, dass auch das Zwischenspeichern von Dateien auf dem Arbeitsspeicher (RAM) eine Vervielfältigung des ursprünglichen Werkes darstellt, auch wenn der Speicher beim erneuten Starten gelöscht wird. Damit wäre die Nutzung der Streamingfunktion ebenso wie der Download nur dann rechtskonform, wenn ebenfalls das Einverständnis des Nutzers vorliegt oder an die Urheber oder Rechteinhaber eine angemessene Vergütung entrichtet wird. Andererseits darf sowohl von Musikstücken als auch Videodateien unter den oben unter „filesharing" bereits erwähnten Voraussetzungen eine Privatkopie erstellt werden. Somit wäre Streaming nur unter diesen Bedingungen möglich.

Allerdings sieht § 44a UrhG vor, dass vorübergehende Vervielfältigungshandlungen zulässig sind, wenn diese flüchtig und begleitend sind und einen integralen und wesentlichen Teil eines technischen Verfahrens darstellen und deren alleiniger Zweck eine Übertragung in einem Netz zwischen Dritten durch einen Vermittler oder eine rechtmäßige Nutzung eines Werkes oder sonstigen Schutzgegenstands zu ermöglichen, und die keine eigenständige wirtschaftliche Bedeutung haben. Demnach ist das Streamen von Audio- oder Videodateien legal, da gerade die im Cache zwischengespeicherten Daten flüchtig (beim Neustart oder kurzer Speicherung werden die Daten im Cache gelöscht) und begleitend (eine Pufferung der Daten ist zur reibungslosen Wiedergabe notwendig) sind. Das Ansehen von urheberrechtlich geschützten Werken, der so genannte Werkgenuss, stellt keine Urheberrechtsverletzung dar.

Im Dezember 2013 versuchte eine Anwaltskanzlei, User einer Plattform für Erotikfilme abzumahnen, welche die Streamingfunktion nutzten. Das Landgericht Köln gab zunächst auf Antrag der Nutzungsrechteinhaber die Daten der betroffenen Internetnutzer heraus. Diese Entscheidung stützte sich auf die Aussage der Antragsteller, dass die entsprechenden Videodateien heruntergeladen worden waren. In der Folge erhielten die Besucher, die auf der Internetseite „redtube.com" Erotikfilme angesehen hatten, tatsächlich Schreiben mit Abmahnung und Unterlassungserklärungen.

Das Gericht revidierte am 27.1.2014 seine Entscheidung und stellte in seiner Begründung fest, dass es sich bei einem Videostream nicht um eine unerlaubte Vervielfältigung nach § 16 UrhG handele.[58] Demnach ist das Gericht der Auffassung, dass es sich beim Livestream nicht um einen Download handelt. Allerdings konstatiert das Gericht, das eine höchstrichterliche Entscheidung zu dieser Meinung noch ausstehe.

2. Strafrechtliche Relevanz

Das Urheberrecht ist trotz seiner Sanktionstatbestände in erster Linie Teil des Zivilrechts. „Dies erlangt auch bei den §§ 106 ff. UrhG Bedeutung, deren Straftatbestände als Blankettegesetze in weiten Teilen auf die zivilrechtlichen Regelungen Bezug nehmen, also zivilrechtakzessorisch sind. […] Fragen bei der Auslegung der §§ 106 ff. UrhG sind deshalb nicht spezifisch strafrechtliche, sondern im Wesentlichen solche des Urheberrechts."[59] Verbotsinhalte der genannten Straftatbestände der §§ 106 ff. UrhG verweisen auf den zivilrechtlichen Teil des Gesetzes.

§ 106 UrhG (Unerlaubte Verwertung urheberrechtlich geschützter Werke) für das Vervielfältigen (§ 16 UrhG), Verbreiten (§ 17 UrhG) sowie die öffentliche Wiedergabe (§ 15 Abs. 2 UrhG). Somit sind die Nutzung sowie das Angebot (Stichwort Tauschbörsen, P2P-Netzwerke) von Bildern, Musikstücken, Filmen und Computerprogrammen außerhalb der Schranken des Urheberrechtsgesetzes unzulässig. Gesetzlich zugelassene Verwertungshandlungen werden in den §§ 44a bis 60 UrhG beschrieben. Für Computerprogramme gelten die Schranken der §§ 69a ff. UrhG. Nach § **106 Abs. 2 UrhG** ist der Versuch strafbar.

§ 108 UrhG (Unerlaubte Eingriffe in verwandte Schutzrechte) schützt neben den Rechten der schöpferischen Urheber (beispielsweise Wissenschaftler, Fotografen, Künstler) auch die Rechte nicht schöpferisch tätiger Vermittler (z. B. Hersteller von Bild- oder Tonträgern, Filmen oder Datenbanken). Der Versuch ist strafbar (§ **108 Abs. 2 UrhG**).

---

58 Siehe Beschluss des *LG* Köln vom 27.1.2014 unter Az. 209 O 188/13.
59 *Hilgendorf/Valerius* 2012, S. 203.

Für beide Straftatbestände ist ein Strafantrag erforderlich (**§ 109 UrhG**). Für gewerbsmäßige Begehung sieht das Gesetz eine Qualifizierung vor (**§ 108a UrhG**).

Verboten nach **§ 108b Abs. 1 Nr. 1 UrhG** (Unerlaubte Eingriffe in technische Schutzmaßnahmen und zur Rechtewahrnehmung erforderliche Informationen) ist auch die Umgehung technischer Maßnahmen. Zwar sieht das Gesetz hier keine Kriminalisierung vor, wenn die Tat ausschließlich zum eigenen privaten Gebrauch des Täters oder mit dem Täter persönlich verbundener Personen erfolgt oder sich auf einen derartigen Gebrauch bezieht. Allerdings sind für Privatpersonen zivilrechtliche Folgen (Anspruch auf Unterlassen und Schadenersatz – § 97 UrhG – durch bzw. für den Urheber) denkbar.

Verboten sind der Besitz, die Herstellung, Einfuhr, Verbreitung von und die Werbung für Werkzeuge, welche technische Maßnahmen zum Schutz von geschützten Werken oder eines anderen Schutzgegenstandes nach dem UrhG umgehen können (**§ 108b Abs. 2 i. V. m. § 95a UrhG**).

§§ 110, 106, 107 Abs. 1 Nr. 2, 108 bis 108b UrhG i. V. m. **§ 74a StGB** Einziehung der Gegenstände, die zum Vervielfältigen, Verbreiten oder zur öffentlichen Wiedergabe der geschützten Werke gebraucht wurden (beispielsweise PC, Notebook, Brenner, Kopierer, je nach Fallkonstellation ggf. auch Geräte zur Filmvorführung) als Nebenfolge der Tat.

§§ 242 und **246, 259 StGB** kommen nicht in Betracht, da sich diese Tatbestände auf körperliche Sachen beziehen und nicht auf Daten.

3. Zivilrechtliche Relevanz

Bis zum 1.1.2008 mussten Urheber bzw. die Rechteinhaber wegen unerlaubten Vervielfältigungen von Werken (hier beispielhaft dem Upload von Musikstücken, Videofilmen oder PC-Spielen auf P2P-Netzwerken) zunächst bei der zuständigen Staatsanwaltschaft Anzeige erstatten. Darin führte die durch die Rechteinhaber beauftragte Rechtsanwaltskanzlei die angebotenen Musik-, Filmtitel oder der Software auf, die vom Verdächtigen hinterlassene IP-Adresse sowie den Zeitpunkt des Angebotes.

Gleichzeitig wurde im Regelfall der Provider der des Verstoßes verdächtigen Person aufgefordert, die jeweiligen Verbindungsdaten vorläufig zu sichern. Die Staatsanwaltschaft, bei der das Verfahren anhängig war, beauftragte als Herrin des Ermittlungsverfahrens die zuständige Kriminalpolizeidienststelle mit den notwendigen Ermittlungen. Je nach Umfang des Angebotes wurden in Absprache mit der Staatsanwaltschaft lediglich Fragebogen verschickt oder auch Durchsuchungen mit Sicherstellungen/Beschlagnahmen von Hardware durchgeführt. Die PC wurden ausgewertet und das Ergebnis im Ermittlungsbericht aufgeführt. Auch wurden die Provider mit entsprechenden Beschlüssen verpflichtet, die Anschriften der IP-Adresseninhaber zum fraglichen Zeitpunkt herauszugeben.

Da der Rechteinhaber mit am Verfahren beteiligte Partei war, erhielt er über seine Anwaltskanzlei Akteneinsicht. Mit Hilfe der darin festgestellten Adressen und Ermittlungsergebnisse konnten gegen den Anbieter von Musiktiteln auf „Tauschbörsen" zivilrechtliche Schritte eingeleitet werden, unabhängig ob das Strafverfahren eingestellt wurde, wenn strafrechtlich kein Verantwortlicher ermittelt werden konnte.

Seit 1.1.2008 ist es zur Durchsetzung der zivilrechtlichen Ansprüche nicht mehr zwingend notwendig, eine Strafanzeige zu erstatten. Nach § 101 UrhG hat der Rechteinhaber einen Auskunftsanspruch, wenn das Urheberrecht oder ein anderes nach dem UrhG geschütztes Recht im gewerblichen Ausmaß widerrechtlich verletzt wurde. Das gewerbliche Ausmaß stützt sich auf die Anzahl oder Schwere der Rechtsverletzung. Aufgrund dieser Vorschrift kann der Rechteinhaber nach Einholung einer richterlichen Anordnung vom Access-Provider die Herausgabe der Daten verlangen, die einer bestimmten IP-Adresse zu einem bestimmten Zeitpunkt zugeordnet waren, unter anderem Name und Anschrift des Kunden. Mit diesen Daten kann der Urheber oder Rechteinhaber die entsprechenden zivilrechtlichen Schritte einleiten. In aller Regel wird er sich an den Anschlussinhaber wenden, da dieser zivilrechtlich verantwortlich ist. Allerdings haftet dieser nicht immer.

Am 15.11.2012 entschied der BGH, dass Eltern nicht für ihre minderjährigen Kinder haften, wenn diese trotz Belehrung über die Rechtswidrigkeit an „Tauschbörsen" teilnehmen und die Eltern keine Anhaltspunkte hatten, dass sich ihr Kind nicht an ein entsprechendes elterliches Verbot hält (Aktenzeichen I ZR 74/12). Auch für volljährige Kinder haften die Eltern nicht zwangsläufig. Durch das Nähe- und Vertrauensverhältnis ihrem Kind gegenüber können Eltern ihren Internetanschluss überlassen, ohne eine ständige Kontrolle ausüben zu müssen. Liegen auch hier keine Anhaltspunkte vor, dass der Anschluss für die Teilnahme an illegalen „Musiktauschbörsen" verwendet wird, muss der Inhaber des Anschlusses nicht haften (Aktenzeichen I ZR 169/12).

Tangierte zivilrechtliche Vorschriften

Das Urheberrechtsgesetz enthält Strafnormen. Allerdings ist es eher eine zivilrechtliche Verfolgung die Regel. Offenbar liegt dies daran, dass die Straftatbestände der §§ 106 bis 108 UrhG als Antragsdelikte mit Privatklageoption ausgebildet sind. Darüber hinaus (§§ 101, 97a UrhG) **§ 97 UrhG** Anspruch auf Unterlassung und Schadenersatz.

§ 97a UrhG Möglichkeit einer Abmahnung im Vorfeld einer gerichtlichen Auseinandersetzung.

§ 98 UrhG Anspruch des Rechteinhabers auf Vernichtung, Rückruf und Überlassung, wenn diese Ansprüche verhältnismäßig sind.

4. Checkliste für die Ermittlungspraxis

Durch die Änderung des UrhG zum 1.1.2008 ist die Polizei wesentlich weniger mit den Ermittlungen bzw. der Sachbearbeitung wegen Verstöße gegen das Urheberrecht und verwandte Schutzrechte beschäftigt. Sollte es dennoch zur Anzeigenerstattung eines Rechteinhabers kommen, sollten folgende Punkte beachtet werden:

- ✓ Der **erste Angriff** erfolgt durch die Schutzpolizei, die Endsachbearbeitung durch die Kriminalpolizei.
- ✓ Vernehmung des Anzeigenerstatters bzw. Durchsicht der ggf. durch einen Rechtsanwalt übermittelten Anzeige eines Rechteinhabers auf Vollständigkeit (insbesondere der Herausarbeitung der einschlägigen Tatbestandsmerkmale). Ggf. Nachvernehmung veranlassen bzw. zusätzliche Stellungnahme einholen.

- ✓ Bei Zeugenvernehmung insbesondere fragen:
  - ob Minderjährige den PC nutzen,
  - ob andere Verwandte (z. B. Enkel) in einem ansonsten kinderlosen Haushalt Zugang zum PC haben,
  - wer sonst noch Zugang zum betroffenen PC (auch Freunde der eigenen Kinder) hat,
  - ob ein WLAN vorhanden ist und – falls ja – ob es durch eine Verschlüsselung geschützt wird (soweit bekannt: welcher Verschlüsselungsstandart; WPA oder WPA2),
  - bei welchem Provider der Internetzugang besteht,
  - ob ein Antiviren-Programm verwendet wird – falls ja – welches.
- ✓ Kopie des Forderungsschreibens bzw. der Abmahnung aushändigen lassen.
- ✓ Beantragung eines Durchsuchungsbeschlusses nach §§ 102, 105 Abs. 1, 162 Abs. 1 StPO.
- ✓ Klärung, ob aufgrund der Bedeutung des Vorganges zur Durchsuchung ein Beamter mit Fachwissen bezüglich der Sicherstellung der Hardware notwendig ist.

Sollte dies nicht notwendig sein, darauf achten, dass

- ✓ der Beschuldigte keinen Zugriff auf den Rechner mehr hat, auch nicht auf Netzkabel, Maus oder ggf. Fernbedienung,
- ✓ Betriebszustand der Anlage dokumentiert wird (v. a. Anschlüsse, Zusatzgeräte),
- ✓ Kenn- und Passwörter für den Zugang zum System bzw. zu Ordnern in Erfahrung gebracht werden,
- ✓ gestartete („offene") Programme einzeln beendet und ggf. Dokumente abspeichert werden,
- ✓ auf keinen Fall der Rechner benutzt wird (Vorab-Recherche; Erstellung eigener Dateien),
- ✓ der Rechner ordnungsgemäß heruntergefahren und ausgeschaltet wird,
- ✓ externe Speichermedien ebenfalls sichergestellt werden (Externe Festplatten, Speichersticks) oder der Zugang hierzu möglich gemacht wird,
- ✓ für mobile Hardware (Laptop, Tablet) das Ladegerät mit sichergestellt wird,

- ✓ alle Gegenstände, die sichergestellt werden, im Sicherstellungsverzeichnis aufgelistet werden (hier auch bereits an Gegenstände denken, die zwar für die Untersuchung/Auswertung nicht von Belang sind, aber der Einziehung unterliegen könnten!) und das Original ausgehändigt wird,
- ✓ bei Rückkehr zur Dienststelle alle Gegenstände einzeln erfasst und asserviert werden.
- ✓ zur Auswertung von Rechnern örtliche Regelungen mit der zuständigen Staatsanwaltschaft beachten.
- ✓ Stellung eines Antrages auf Auswertung beim zuständigen Sachgebiet mit exakter Formulierung der gewünschten Untersuchung unter Verwendung eines Formblattes oder einer EDV-Anwendung (z. B. rsEvid©).

5. Präventionsmaßnahmen

Bei Computernutzern, die dazu tendieren, Musiktitel und Videodateien auf Tauschbörsen anzubieten bzw. ihr Repertoire dort herunterladen, ist das Bewusstsein der Illegalität ihres Tuns zu wecken. Auch die Tatsache, dass viele Menschen diese (illegalen) Ressourcen nutzen, ändert nichts am Straftatbestand. Vielmehr sind legale Möglichkeiten anzubieten (iTunes oder amazon mp3) und zu kommunizieren.

XI. Kinderpornographie

1. Phänomenbeschreibung

Seit vier Jahren steigen in der polizeilichen Kriminalstatistik des BKA die Deliktszahlen des Verbreitens, Erwerbens und Besitzens von kinderpornographischen Schriften jährlich an[60]. Unter die Schutzwürdigkeit des § 184b StGB fallen die Darstellungen sexueller Handlungen von, an und vor Kindern. Unter Strafe gestellt wird die Darbietung dieser Handlungen auf Ton- und Bildträgern, Datenspeichern, Abbildungen und anderen Darstellungen (z. B. Comics). „Als pornographisch ist eine Darstellung anzusehen, wenn sie unter Ausklammerung aller sonstigen menschlichen Bezüge sexuelle Vorgänge in grob aufdringlicher („anreißerischer"[61]) Weise in den Vordergrund rückt und ihre Gesamttendenz ausschließlich oder überwiegend auf das lüsterne Interesse an sexuellen Dingen abzielt".[62] Damit ein Film, ein Bild oder eine Zeichnung als pornographisch gilt, muss die Person auf dem Bild in einer entsprechenden Stellung abgebildet sein oder aber diese Person in den Hintergrund treten und die Geschlechtsorgane in den Vordergrund. Die Darstellung des Körpers der oder des Abgebildeten erscheint sekundär. Keine Zweifel bestehen bei Bildern bzw. Filmen, die sexuelle Aktivitäten unter Kindern oder zwischen Erwachsenen und Kindern zeigen oder auf denen Kinder von Erwachsenen vaginal, anal oder oral penetriert werden. Auch so genanntes „Posing", also eine aufreizende Körperhaltung mit Darstellung der primären Geschlechtsteile, ist mit Strafe bedroht. Was nicht unter das Verbot fällt oder sich im Grenzbereich bewegt, sind so genannten FKK-Bilder, aber auch Bilder von gewickelten Kleinkindern oder Kindern in Unterwäsche. Für die Legaldefinition des Tatbestandsmerkmals des „Kindes" verweist § 184b StGB auf die Vorschrift des § 176 Abs. 1 StGB.

---

60 Vgl. BKA, Polizeiliche Kriminalstatistik (PKS) unter https://www.bka.de/DE/AktuelleInformationen/StatistikenLagebilder/PolizeilicheKriminalstatistik/pks_node.html (zuletzt aufgerufen am 22.4.2020).
61 Vgl. BGHSt 37, 55.
62 Vgl. *BGH* 5 StR 153/78.

XI Kinderpornographie

Der Erwerb, Besitz und die Weitergabe in jeglicher Form sind verboten. Dabei spielt es keine Rolle, ob diese Bilder mit der Absicht aus dem Netz geladen werden, um sich damit zu stimulieren bzw. sich daran zu erregen oder ob die Bilder weitergeleitet werden, um beispielsweise Ermittlungsbehörden zu unterstützen. Die Strafverfolgungspflicht führt daher soweit, dass gegen Personen, die von unbekannten Tätern pornographische Bilder von Kindern oder Jugendlichen unaufgefordert per Mail zugesandt bekamen und diese an die Ermittlungsbehörden weitergeleitet hatten, ein Strafverfahren eröffnet werden musste. Ebenso irrelevant ist es, ob sich elektronische Bilder auf einem Speichermedium des PC befinden oder lediglich im Arbeitsspeicher des Rechners.

Die Motivation, Kinderpornographie herzustellen respektive zu verbreiten, liegt am kommerziellen Nutzen sowie an der eigenen sexuellen Neigung. Professionelle Hersteller von kinderpornografischen Angeboten jedweder Art verdienen Geld mit der Produktion dieses Genres. Lukrativ macht das Geschäft das gesetzliche Verbot. Im Regelfall hat dieser Personenkreis keinerlei sexuelles Interesse an den Kindern, die sie filmen bzw. fotografieren. Allerdings ist bei dieser Handlung die Strafvorschrift des § 184b Abs. 1 Nr. 3 StGB eng verwoben mit den §§ 176 Abs. 1, Alt. 1, 176a Abs. 3 StGB (Sexueller Missbrauch von Kindern bzw. Schwerer sexueller Missbrauch von Kindern).

Im Gegensatz dazu gibt es diejenigen, die bei der Produktion mitwirken und diejenigen, die das fertige Produkt konsumieren. Sie haben neben der Machtausübung gegenüber Kindern sexuelles Interesse an ihnen. Die Handlungen können von weniger intimen Formen sexueller Handlungen (Voyeurismus, lüsterne Blicke, dem Kind beim Ausziehen zusehen) bis zum sexuellen Missbrauch reichen. Mit der Darstellung von kinderpornographischen Inhalten sind auch bei diesem Personenkreis der sexuelle Missbrauch bzw. der schwere sexuelle Missbrauch von Kindern eng verbunden. Und dieser Missbrauch wird entweder durch andere gefilmt oder der Täter beobachtet den Missbrauch durch andere zur eigenen Erregung. Zudem filmt oder fotografiert er diese Handlungen. Aufgrund der technischen Möglichkeiten, die eine digitale Aufnahme bietet, können diese Aufnahmen ohne großen Aufwand hergestellt, vervielfältigt und weitergegeben werden. Daneben schafft auch hier das Internet ideale Voraussetzungen, um Inhalte in großen Mengen zu versenden, auch über Landesgrenzen hinweg, ohne eine Kontrolle der Inhalte befürchten zu müssen. Auch können die gefertigten Aufnahmen dem Eintritt in Kinderpornoringe dienen.

Bilddateien und Filme werden unter den Mitgliedern dieser Ringe getauscht. Die Tauschaktionen laufen über Chatrooms oder Peer-to-Peer-Netzwerke, also dem Austausch von Rechner zu Rechner. Das erleichtert den Zugang zu verbotenem Material. In der Regel ist es für eine Aufnahme in diesen Kreis notwendig, dass der Teilnahmewillige zunächst selbst pornografisches Material zur Verfügung stellt. Dies dient zum Schutz der Mitglieder vor Ermittlungen der Polizei. Ein in diesem Milieu verdeckt ermittelnder Polizeibeamter darf bei seiner Tätigkeit keine Straftaten begehen, indem er Kinderpornos als „Türöffner" mit einbringt. Um Ermittlungen in diesen Kreisen dennoch zu ermöglichen, wurde § 184b Abs. 5 StGB ergänzt.

Die geschlossene Benutzergruppe mit ihrer abgeschotteten Vorgehensweise erschwert die Aufklärungsarbeit. Allerdings hat das BKA die Wichtigkeit der Bekämpfung des Deliktfeldes erkannt. Mit der „Zentralstelle für die Bekämpfung von Sexualdelikten zum Nachteil von Kindern und Jugendlichen", die bei der Abteilung des BKA für schwere und organisierte Kriminalität angesiedelt ist, stellt es sich der globalen Herausforderung. Die Zentralstelle fungiert als Bindeglied zwischen in- und ausländischen Strafverfolgungsbehörden und nimmt die Aufgaben einer nationalen zentralen Auswerte- und Koordinierungsstelle wahr.[63]

Gelingt es ermittelnden Polizeibeamten, Verdachtsmomente zu erlangen, können einzelne Täter und über diese bzw. deren Daten und Protokolle auf dem jeweiligen Rechner weitere Verdächtige ermittelt werden. Aufgrund der Datenflut und der u. U. zu tätigenden Folgeermittlungen bindet ein Vorgang zeitliche und personelle Ressourcen. Große Bedeutung kommt deshalb der Aufbereitung der gesicherten Daten und dem Einsatz spezieller Software zur Auswertung zu. Ein automatisierter Ablauf scheidet die Bilder aus, die für das Verfahren nicht relevant sind.

---

63 Näheres siehe www.bka.de, unter der Rubrik „Unsere Aufgaben", „Aufgabenbereiche des BKA", „Zentralstellen," https://www.bka.de/DE/UnsereAufgaben/Aufgabenbereiche/Zentralstellen/Kinderpornografie/kinderpornografie_node.html (zuletzt aufgerufen 22.4.2020).

XI Kinderpornographie

Der sexuelle Missbrauch zur Fertigung von kinderpornographischen Material geschieht häufig durch Personen aus dem nahen sozialen Umfeld der Kinder. Dies führt zusätzlich dazu, dass Kinder an der eigenen Wahrnehmung zweifeln. Der Schutz durch die Eltern ist ein natürliches Bedürfnis von Kindern. Oft intensiviert der Täter/die Täterin die Beziehung zum Kind durch emotionale oder körperliche Zuwendung sowie materielle Belohnungen und missbraucht somit das Kind nochmals auf der emotionalen Ebene. Zusätzlich spielt der Zwang zur Geheimhaltung bei sexuellen Übergriffen eine zentrale Rolle. Für die Opfer kommt noch belastend dazu, dass sexuelle Handlungen, deren Durchführung sie nicht in der Lage waren, zuzustimmen, auch Jahre später noch getauscht werden und im Netz kursieren.

Zwar kann die Person, welche die Bilder eingestellt hat, aufgefordert werden, diese wieder zu löschen. Allerdings wird es aufgrund der Verbreitung dieser Bilder nahezu unmöglich sein, alle Darstellungen aus dem Netz zu bekommen. Hinzu kommt, dass es neben Suchmaschinen, die aktuelle Daten suchen, auch solche gibt, mit denen nach gelöschten Daten recherchiert werden kann. Bislang gibt es kein „Verfallsdatum" für Daten, die ins Netz hochgeladen wurden. Ansätze, dies zu realisieren, gibt es seit einiger Zeit. Indes gelingt es Nutzern dieser Anwendungen auch immer wieder, diese Technik zu umgehen. So beispielsweise bei der Applikation von „snapchat". Bei dieser Instant-Messaging-Anwendung können Bilder und auch Videos mit einer Textnachricht versehen und versandt werden. Beim Empfänger werden die Bilder oder Kurzfilme nur wenige Sekunden angezeigt und löschen sich dann selbst. Eine Speicherung der Daten ist nicht vorgesehen und soll nach Angabe des Unternehmens auch nicht möglich sein. Von jeder Anzeige am Bildschirm kann jedoch ein Sreenshot erzeugt werden. Darüber bekommt der Absender dieser Bilder freilich eine Benachrichtigung. Gespeichert ist das Bild aber dann schon. Findige Computernutzer haben für diesen Dienst bereits einige Apps entwickelt, mit deren Hilfe eine Speicherung möglich ist, ohne dass der Absender hiervon informiert wird.

2. Strafrechtliche Relevanz

§ 176 StGB (Sexueller Missbrauch von Kindern) Unter Strafe gestellt werden sexuelle Handlungen an Kindern und von Kindern am Täter sowie Tathandlungen, bei denen der Täter das Kind bestimmt, sexuelle Handlungen an einem Dritten vorzunehmen. Ebenso unter Strafe gestellt sind die Vornahme sexueller Handlungen vor einem Kind, das Einwirken auf Kinder durch Schriften, pornografischer Abbildungen oder Darstellungen, um das Kind zu sexuellen Handlungen zu bringen (**Cybergrooming**), die es an oder vor dem Täter oder einem Dritten vornehmen oder von dem Täter oder einem Dritten an sich vornehmen lassen soll. Des Weiteren steht unter Strafe das Abspielen von Tonträgern mit pornografischen Inhalten und entsprechendes Reden.

Durch eine Ergänzung in § 176 Abs. 5 StGB ist nun auch die Strafbarkeit des Versuchs gegeben, wenn der Täter der Überzeugung ist, mit einem Kind zu kommunizieren, um es zu sexuellen Handlungen zu bringen, tatsächlich aber mit einem Erwachsenen Kontakt hat, der ggf. das Kind schützen möchte.

§ 176a StGB (Schwerer sexueller Missbrauch von Kindern) In dieser Strafvorschrift wird sanktioniert, wer wegen der in § 176 StGB genannten Tatbestände bereits innerhalb der vergangenen fünf Jahre rechtskräftig verurteilt wurde. Zu dieser Frist wird die Zeit, in der die betreffende Person auf behördliche Anordnung in einer Anstalt verwahrt wurde.

Ebenso strafbar macht sich diejenige Person, wenn sie die Tathandlungen nach § 176 Abs. 1 und 2 StGB ausführt und

– im Alter von über 18 Jahren mit einem Kind den Beischlaf vollzieht oder ähnliche sexuelle Handlungen an ihm vornimmt oder an sich von ihm vornehmen lässt, die mit einem Eindringen in den Körper verbunden sind,
– die Tat von mehreren gemeinschaftlich begangen wird,
– der Täter das Kind durch die Tat in die Gefahr einer schweren Gesundheitsschädigung oder einer erheblichen Schädigung der körperlichen oder seelischen Entwicklung bringt.

Nach den Voraussetzungen des § 176a Abs. 3 StGB ist derjenige mit Strafe bedroht, der als Täter oder Beteiligter in der Absicht handelt, die Tat zum Gegenstand einer pornografischen Schrift zu machen, die nach den Voraussetzungen des § 184 Abs. 1 bis 3 StGB verbreitet werden soll.

Eine Strafverschärfung erfährt der sexuelle Missbrauch des § 176 Abs. 1 bis 3 StGB, wer das Kind körperlich schwer misshandelt oder durch die Tat in die Gefahr des Todes bringt.

§ 176b StGB (Sexueller Missbrauch von Kindern mit Todesfolge) Dieser Tatbestand trifft dann zu, wenn durch den sexuellen Missbrauch bzw. auch dem schweren sexuellen Missbrauch wenigstens leichtfertig den Tod des Kindes verursacht wurde.

§ 182 StGB (Sexueller Missbrauch von Jugendlichen) Ähnliche Tatbestände sind auch in der Strafvorschrift des § 182 StGB aufgeführt.

§ 184b StGB, § 184c StGB (Verbreitung, Erwerb und Besitz kinderpornografischer Schriften bzw. jugendpornografischer Schriften) Diese beiden Vorschriften kriminalisieren das Verbreiten, das Zugänglichmachen, die Verbreitungshandlungen sowie Besitz und das Besitzverschaffen von pornografischen Schriften, welche sexuelle Handlungen von, an oder vor Kindern bzw. Jugendlichen zum Inhalt haben. Strafverschärfend sanktioniert wird das gewerbs- oder bandenmäßige Handeln, wenn sich die Mitglieder der Bande zur fortgesetzten Begehung solcher Taten verbunden haben, und die jugendpornographischen Schriften ein tatsächliches oder wirklichkeitsnahes Geschehen wiedergeben.

Personen, die sich oder anderen ausschließlich zur Erfüllung rechtmäßiger dienstlicher oder beruflicher Pflichten den Besitz von kinder- oder jugendpornografischem Material verschaffen, fallen nicht unter die Vorschriften der §§ 184b, 184c, jeweils Abs. 2 und 4 StGB. Ergänzend besteht seit dem 13.3.2020 nach § 184b Abs. 6 StGB die Möglichkeit, ausschließlich computergeneriertes kinder- oder jugendpornographisches Material zu verwenden.

Demnach dürfen im Rahmen eines strafrechtlichen Ermittlungsverfahrens kinderpornographische Schriften verbreitet und der Öffentlichkeit zugänglich gemacht werden, eine solche Schrift hergestellt, bezogen, geliefert, vorrätig gehalten, angeboten oder diese Schrift ein- oder ausgeführt werden […], wenn die kinderpornographische Schrift kein tatsächliches Geschehen wiedergibt und auch nicht mit

Hilfe einer Bildvorlage eines Kindes oder Jugendlichen hergestellt wurde. Zudem ist diese Vorgehensweise nur zulässig, wenn die Aufklärung auf andere Weise aussichtslos oder wesentlich erschwert würde.

Der Einsatz bedarf der richterlichen Genehmigung (**§ 110d StPO**). Im Antrag ist darzulegen, dass die ermittelnden Polizeibeamten ausreichend auf den Einsatz vorbereitet wurden. Zudem ist die Maßnahme zu befristen, kann jedoch verlängert werden. Bei Gefahr in Verzug ist die Staatsanwaltschaft berechtigt, die Zustimmung zu erteilen. Innerhalb von drei Tagen muss diese jedoch von einem Richter bestätigt oder beendet werden.[64]

§ 184c Abs. 4 S. 2 StGB trägt der Tatsache Rechnung, dass Jugendliche pornografische Schriften im Rahmen ihrer jugendlichen Entwicklung in Form von Fotos oder Filmen von sich oder anderen anfertigen. Voraussetzung ist neben der Einwilligung der abgebildeten Personen auch, dass die Schriften nicht verbreitet werden.

Beim Tatbestandsmerkmal des Alters kann es bei der Vorschrift des § 184b StGB bei den Ermittlungen zu Schwierigkeiten kommen. So etwa, weil das auf der Darstellung abgebildete Kind nicht ermittelt werden konnte. In diesem Fall muss anhand eines Gutachtens festgestellt werden, ob die abgebildete Person für einen objektiven Betrachter als Kind wahrnehmbar ist.

Konnte das abgebildete Opfer ermittelt werden und ist dem Alter gemäß noch als Kind einzustufen, obwohl es aufgrund der körperlichen Entwicklung älter wirkt, greift die Strafvorschrift. Sollte der Hersteller des gegenständlichen Werkes den Betrachtern gegenüber das Alter höher angegeben haben, ändert sich nichts an der Strafbarkeit.

Sollte die abgebildete Person jedoch tatsächlich älter als 14 Jahre alt sein, aber aufgrund ihrer körperlichen Entwicklung wie ein Kind aussehen, ist ein von § 184b Abs. 1 bis 4 StGB wirklichkeitsnahes Geschehen zu prüfen. Dieses unterfällt wie das tatsächliche Geschehen der Strafbarkeit der Vorschrift.

---

64 Siehe Bundesgesetzblatt Teil I 2020 Nr. 11 vom 12.3.2020 unter https://www.bgbl.de/xaver/bgbl/start.xav?start=//*%5B@attr_id=%27%27%5D#__bgbl__%2F%2F*%5B%40attr_id%3D%27bgbl120s0431.pdf%27%5D__1584810970510 (zuletzt aufgerufen 22.4.2020).

Neben tatsächlichem und wirklichkeitsnahem Geschehen gibt es noch das fiktive Geschehen. Ein solches kommt zur Prüfung, wenn es sich bei der Darbietung beispielsweise um Comics oder Computerspiele, bei denen der Charakter und die Gestaltung der Spielfiguren selbst zusammengestellt werden kann (sog. Avatare, beispielsweise bei „Second Life"). Enthält der jeweilige Gesetzestext keine Einschränkung auf das tatsächliche oder wirklichkeitsnahe Geschehen, ist auch die Strafbarkeit des fiktiven Geschehens zu prüfen.

Ebensolche Besonderheiten stellen sich auch bei den Vorgaben bezüglich des Alters in § 184c StGB. Auch hier ist der objektive Eindruck des Betrachters von Bedeutung: Die abgebildete oder agierende Person ist tatsächlich unter 18 Jahren alt, sieht aber aufgrund ihrer körperlichen Entwicklung älter aus. Die Strafbarkeit von § 184c StGB ist gegeben.

Kann das Alter der darstellenden Person vom Betrachter nicht erkannt werden, bedarf es zunächst der Ermittlung des tatsächlichen Alters. Gelingt dies nicht und das Alter kann auch nicht durch eine objektive Betrachtung festgesetzt werden, ist zugunsten des Beschuldigten von einer Volljährigkeit auszugehen.

Aufgrund des 49. Gesetzes zur Änderung des Strafgesetzbuches – Umsetzung europäischer Vorgaben zum Sexualstrafrecht vom 21.1.2015 – wurde das sogenannte **„Posing"** mit aufgenommen. Dabei handelt es sich um Bilder, in den Kinder (§ 184b StGB) und Jugendliche (§ 184c StGB) in sexualisierter Haltung dargestellt sind oder ihre Geschlechtsteile im Vordergrund stehen. In diesem Zusammenhang ist auch § 201a Abs. 3 StGB (Verletzung des höchstpersönlichen Lebensbereichs durch Bildaufnahmen) zu prüfen. Die Vorschrift bedroht denjenigen mit Strafe, wer eine Bildaufnahme, die die Nacktheit einer anderen Person unter 18 Jahren zum Gegenstand hat, herstellt oder anbietet, um sie einer dritten Person gegen Entgelt zu verschaffen oder sich oder einer dritten Person gegen Entgelt verschafft.

3. Zivilrechtliche Relevanz

§ 823 Abs. 1 BGB (Schadenersatzpflicht – allgemeine Haftungsgrundlagen), wenn z. B. durch sexuellen Missbrauch die körperliche,

Zivilrechtliche Relevanz 3

geistige oder seelische Entwicklung beeinträchtigt wurde oder Ersatz für Therapiekosten geleistet werden muss.

§ 823 Abs. 2 BGB (Schadenersatzpflicht – Verletzung von Schutzgesetzen) i. V. m. §§ 174 ff. StGB bei einer vorsätzlichen Tatbegehung.

§ 825 BGB (Bestimmung zu sexuellen Handlungen) ist zu prüfen, wenn jemand einen anderen durch Hinterlist, Drohung oder Missbrauch eines Abhängigkeitsverhältnisses zur Vornahme oder Duldung sexueller Handlungen bestimmt.

§ 253 Abs. 2 BGB (Schmerzensgeld) Zur Stellung der Ansprüche beträgt die Verjährungsfrist 30 Jahre (vgl. **§ 197 Abs. 1 Nr. 1 BGB**). Die Frist beginnt mit der Vollendung des 21. Lebensjahres des Opfers (**§ 208 S. 1 BGB**) und setzt die Kenntnis des Schadens sowie des Ersatzpflichtigen voraus. Bei traumatisierten Opfern, die das Tatgeschehen verdrängt haben, beginnt die Verjährungsfrist ab Erinnerung an die Tat.

§ 1004 BGB (Beseitigungs- und Unterlassungsanspruch), gegen denjenigen, der Bilder beispielsweise im Internet (Kinderpornoseiten, Tauschbörsen) eingestellt hat. Von dieser Person kann gefordert werden, diese Fotos wieder zu löschen. Sollte die Person unbekannt sein oder kann nicht ermittelt werden, kann auch der Provider der Seite aufgefordert werden, die Bilder zu entfernen.

4. Checkliste für die Ermittlungspraxis

- ✓ Der **erste Angriff** erfolgt durch die Schutzpolizei, die Endsachbearbeitung durch die Kriminalpolizei.
- ✓ Bei Hinweisen auf kinderpornografische Darstellungen ist zunächst der Hinweisgeber als Zeuge zu vernehmen.
- ✓ Dabei ist wichtig, auf welcher Internetseite (Name und ggf. IP-Adresse feststellen bzw. notieren) der Fund gemacht wurde.
- ✓ Neben dem Datum ist auch die genaue Uhrzeit der Auffindung festzuhalten. Dies ist deshalb wichtig, da anhand dieser Zeit auch die Zeitzonen zurück- bzw. vorausgerechnet werden können, wenn der Server oder PC, von dem das Bild bezogen wurde, im Ausland betrieben wird.
- ✓ Aufzeichnung des Weges bzw. der Links, auf dem/mit dem auf die Seite geleitet worden ist. Dokumentation ggf. mit Screenshots. Dabei ist der Rechner des Sachbearbeiters zu verwenden und nicht der des Zeugen.
- ✓ Die relevanten Seiten, Bilder oder Filme durch Ausdruck, Screenshot oder/und Speicherung sichern.
- ✓ Zur Feststellung des Domaininhabers eine Whois-Abfrage durchführen.
- ✓ Wurde das pornografische Material per Mail verschickt, muss die Mail gesichert werden. Dabei sollte darauf verzichtet werden, sie vom Zeugen an die Polizei senden zu lassen. Die Sicherung muss durch Polizeibeamte erfolgen. Zweckmäßig erscheint eine Absprache zwischen dem Beamten, der den Erstangriff durchführt, und dem kriminalpolizeilichen Sachbearbeiter.
- ✓ Der E-Mail-Header muss ausgelesen werden.
- ✓ Bei Foren, in denen inkriminiertes Material gefunden wurde, ist neben der exakten Namensbezeichnung der Betreff der Meldung sowie Datum, Uhrzeit und der Inhalt festzuhalten. Vom Inhalt ist ein Ausdruck zu fertigen. Zudem ist darauf hinzuwirken, dass die Nachricht noch zur Polizei gesandt wird.
- ✓ Im Anschluss Abgabe an die Kriminalpolizei. Zuvor ist es selbstredend, dass zwischen aufnehmenden Beamten der Schutzpolizei und dem Sachbearbeiter bzw. dem Leiter des zuständigen Fachkommissariats, in der Regel dem K 1, Kontakt aufgenommen wird, um das Vorgehen abzusprechen.

5. Präventionsmaßnahmen

Eltern müssen sich Zeit für ihr Kind nehmen. Kinder müssen im Alltag erleben können, dass ihre Gefühle ernst genommen werden und sie bei Problemen das Recht haben, mit den Eltern über ihre Schwierigkeiten zu sprechen und sie um Hilfe zu bitten. Durch die tägliche Unterhaltung lernt es auch, Konflikte auszutragen und entwickelt daraus ein starkes Selbstbewusstsein.

Wichtig ist ferner, dass Eltern mit ihren Kindern einen offenen Umgang pflegen und sie soweit als möglich auch an Entscheidungen beteiligen.

Sie sollten ebenso respektieren, wenn Kinder Dinge, die sie nicht wollen, mit einem „Nein" ablehnen. Wer von Kindern ständig ein „Ja" verlangt, kann nicht erwarten, dass in für das Kind unangenehmen Situationen auf ein „Nein" bestanden wird. Kindern muss altersgemäß vermittelt werden, dass sie ein Recht darauf haben, über ihren Körper selbst zu bestimmen und auch Erwachsenen Grenzen zu setzen, wo ihnen körperliche Zuwendung unangenehm ist.

Eltern sollten mit ihrem Kind darüber sprechen, dass es gute und schlechte Geheimnisse gibt. Gute Geheimnisse, die Spaß machen, z. B. Geschenke, Streiche, Überraschungen, und schlechte Geheimnisse, die unangenehme Gefühle verursachen. Im Hinblick auf schlechte Geheimnisse brauchen Kinder die Versicherung und Bestärkung Erwachsener, dass sie darüber sprechen dürfen und dies kein „Petzen" darstellt. Auch durch den Hinweis, dass es manchmal schwer ist, über schlechte Geheimnisse zu reden, signalisieren Eltern Verständnis für mögliche Notlagen des Kindes und können das Vertrauen des Kindes gewinnen.

Eltern müssen ihre Kinder bei den ersten Schritten im Internet begleiten. Sich allein auf eine entsprechende Schutzsoftware (die auf jeden Fall zusätzlich installiert sein soll) zu verlassen, ist nicht ausreichend.

Möchte das Kind Mitglied in einem Chat werden, sollte dieser altersgerecht ausgewählt sein. Ist der Druck auf das Kind so groß, dass nur ein Anbieter in Frage kommt, da die Mehrzahl der Freunde sich bei diesem Anbieter angemeldet hat, ist eine Begleitung der Eltern obligatorisch. Zudem sollten sich Eltern zuvor mit den Seiten vertraut machen und die Einstellungen für die Privatsphäre einmal durchprobiert haben. Einstellungen sollten je nach Alter zusammen mit dem Kind aktiviert werden.

Ein Verbot, am Chat teilzunehmen, ist ggf. nicht zielführend. Das Kind wird, um diese Kommunikationsmöglichkeit nutzen zu können, ein elektronisches Gerät außerhalb des Haushalts nutzen. Wird das Kind bei dieser Gelegenheit belästigt, werden es die Eltern vermutlich gar nicht oder erst spät erfahren, dass dem Kind Unangenehmes während des Chats widerfahren ist. Ausweg ist die Gestattung der Chatteilnahme ab dem in den AGB festgesetzten Alter einhergehend mit dem offenen Umgang mit den Ängsten und Befürchtungen der Eltern. Diese sollen ihre Bedenken gegenüber dem Kind äußern und ihm signalisieren, dass sie bei unangenehmen Chatverläufen als Ansprechpartner zur Verfügung stehen. Das Kind sollte ermuntert werden, den Eltern mitzuteilen, was das Kind im Netz beunruhigt.

Wichtig ist, dass das Kind keine persönlichen Daten von sich herausgibt, ohne vorher um Erlaubnis zu fragen. In diesem Zusammenhang sollten Eltern auch die Chatfreunde ihrer Kinder kennen.

Für jeden Benutzer eines PC im Haushalt muss ein eigenes Benutzerkonto ohne Administratorenrechte eingerichtet sein. Zudem sollte das Konto mit einem Passwortschutz versehen sein.

Zu Beginn der Internetnutzung sollten kindgerechte Suchmaschinen eingerichtet werden (beispielsweise „Blinde Kuh", „FragFINN" oder „Helles Köpfchen").

Obligatorisch sind eine Firewall, ein aktueller Virenscanner sowie ein aktuelles Betriebssystem mit Anwenderprogrammen.

XII. Cybermobbing, Cyber-Bullying

1. Phänomenbeschreibung

Das Wort **Mobbing** entstammt der englischen Sprache und steht übersetzt für *anpöbeln* (to mob) oder Pöbel (mob). Im deutschen Sprachraum hat sich zunächst der daraus abgeleitete Begriff „Internetmobbing" etabliert. Allerdings ist das Wort „Mobbing" im angelsächsischen Sprachraum nicht geläufig. Stattdessen wird dort der Terminus **Bullying** benutzt. Dieser hat sich auch in der deutschen Sprache durchgesetzt. So wird dort in Fachkreisen für das geläufige Wort **Internet-Mobbing** auch synonym der Begriff **Internet-Bullying** verwendet.

Um das Phänomen des Internet-Bullying erklären bzw. definieren zu können, ist es notwendig, sich zunächst die Definition des Mobbings näher anzusehen. *Olweus* definiert es als „Ein Schüler oder eine Schülerin ist Gewalt ausgesetzt oder wird gemobbt, wenn er oder sie wiederholt und über eine längere Zeit den negativen Handlungen eines oder mehrerer anderer Schüler oder Schülerinnen ausgesetzt ist."[65]

Wichtig festzustellen ist, dass nach der Definition Handlungen gefordert sind, die wiederholt ausgeübt werden müssen. Eine isolierte und kurzfristige Handlung gegen eine Schülerin bzw. einen Schüler fällt noch nicht unter den Mobbingbegriff. Ein weiterer Punkt, der in *Olweus'* Definition Betrachtung verdient, ist die Aussage der „negativen Handlung". Hierunter fallen nicht nur physische Gewalttätigkeiten gegen eine Schülerin/einen Schüler, sondern auch psychische Handlungen, wie beispielsweise das Beleidigen, das üble Nachreden, die Bloßstellung vor oder das Ausschließen aus einer Gruppe.

Anhand dieser Definition wird klar, dass Cyberbullying kein neues Phänomen ist, sondern „Mobbing" unter Nutzung des World Wide Web ausgeübt wird. Kinder und Jugendliche nutzen moderne Kommunikationsmittel wie Chatforen, Online Communities oder Instant-

---
[65] *Olweus* 2006, S. 22.

Messenger, um sich auszutauschen.[66] Folgerichtig ist, dass sie diese Medien auch für das Bullying einsetzen, um über andere Personen grobe, rüpelhafte und beleidigende Inhalte (beispielsweise Beleidigungen in sozialen Netzwerken, Hochladen heimlich aufgenommener Kurzfilme mit kompromittierenden Inhalten bei Videoportalen, beleidigende SMS oder Anrufe) oder Gerüchte zu verbreiten. *Beck* konkretisiert das Phänomen in seinem Beitrag im „Handbuch Online-Kommunikation": „Zu beobachten sind auch Formen von ‚Cyber-Mobbing' und ‚Cyberbullying', also die üble Nachrede und Stigmatisierung, ja Beleidigungen und Bedrohungen von ‚realen' Menschen im virtuellen Raum durch verbale oder grafische Darstellungen. Personen werden dann online über längere Zeiträume und zum Teil ohne deren Wissen öffentlich verächtlich gemacht und aus Gruppen (Schule, Arbeitsplatz, Vereine) heraus gedrängt, ohne sich dagegen wehren zu können."[67] So stellt das Cyber-Bullying die elektronische Weiterentwicklung des Mobbings von Angesicht zu Angesicht dar. Lediglich der persönliche Kontakt ist nicht vorhanden. Hinzu kommt, dass im Netz auch wirksame Kontroll- und Sanktionsmechanismen gar nicht oder nur sehr schwierig umzusetzen sind. Infolge dessen sinkt die Hemmschwelle.

Unterschieden werden kann in **direktes und indirektes Cyber-Bullying**. Unter direktes Mobben fallen das so genannte **Flaming**[68] und **Stalking**. Zur zweiten Kategorie zählen das Verleumden, das Annehmen einer falschen Identität – **Fake-Account** – sowie Betrügereien im Namen des Gemobbten. Am häufigsten sind Beschimpfungen und Beleidigungen gefolgt von Verbreitung von Lügen und Gerüchten sowie Hänseln und Bedrohungen. *Leest* et al. zeigen in einer Studie des Bündnisses gegen Cybermobbing das Ausmaß der Fälle sowie die **Formen des Bullyings** auf.[69]

---

66 Beispielhaft beschreibt den Schwerpunkt der Aktivitäten von Jugendlichen im Internet der medienpädagogische Forschungsverband Südwest in der „JIM-Studie 2019" www.mpfs.de, unter der Rubrik „Studien → JIM-Studie 2019" (zuletzt aufgerufen 22.4.2020).
67 *Beck* 2010, S. 145.
68 Versenden von üblen und beleidigenden Nachrichten und Kommentaren im Netz.
69 *Leest/Schneider* 2017, S. 82.

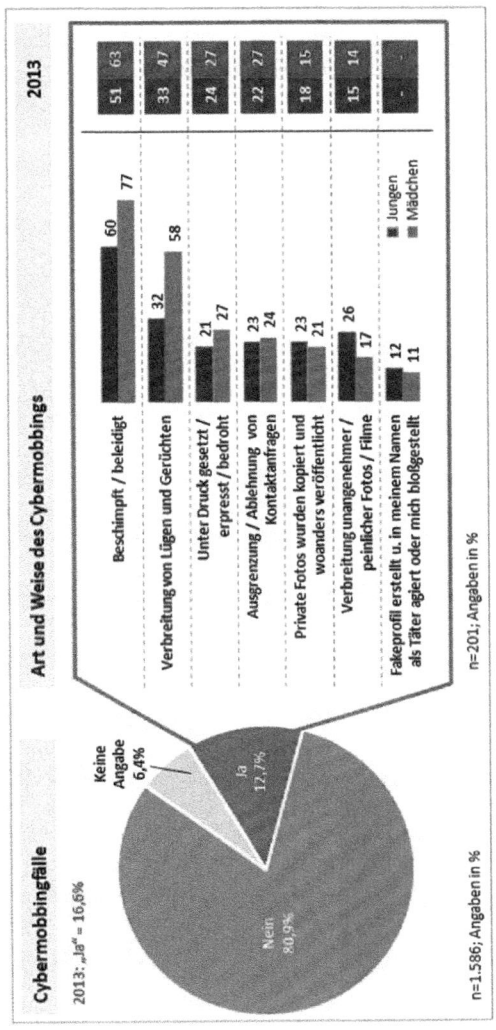

Abbildung 15: Anzahl der Fälle und die Art und Weise des Cybermobbings bei den befragten Schülern. Quelle: Leest/Schneider

Neben der Nutzung von häuslichen PC, Laptop oder Tablets ist vor allem das Smartphone „Tatmittel". Es ist bei jugendlichen Nutzern überall dabei. Gefertigte Fotos und Videos können an Ort und Stelle in das Netz hochgeladen werden. Dabei ist es für die Art und Weise ohne Belang, welches Medium den Tätern zur Verfügung steht.

Im Gegensatz zum „**face-to-face-Mobbing**" agiert der Mobber – den man „Bully" nennt – vermeintlich anonym. Er muss niemanden bei seiner Ansprache in die Augen sehen und sich auch nicht direkt mit dem Opfer auseinandersetzen. Durch die gewähnte Sicherheit besteht für ihn die Möglichkeit, aggressive Attacken gegen sein Opfer zu führen. Aufgrund der Unkenntnis des Opfers, von wem die Angriffe stammen, entstehen Ängste und große Verunsicherung. Darüber hinaus multipliziert sich die Anzahl derer, die das Mobbing im Netz mitbekommen. Anders als beim direkten Mobbing, bei dem eine erkennbare und definierte Gruppe zugegen ist, eröffnet das weltweite Netz eine unbegrenzte Anzahl an möglichem Publikum. Das bedeutet für das Opfer, dass es nicht einschätzen kann, wer die Schmähungen, Hänseleien oder Lügen gelesen bzw. gesehen hat. Zudem verbreiten sich Inhalte im Netz rasend schnell und können auch von denjenigen „geteilt" werden, die das Opfer persönlich gar nicht kennen. Außerdem besteht die Möglichkeit, dass Inhalte nach längerer Zeit – Monate und auch Jahre – nochmals im Netz auftauchen, da sie einfach kopiert, gespeichert und wieder weiterverbreitet werden können. Gerade der letzte Punkt macht es den Opfern oft schwierig, mit dem Vorgang abzuschließen und sich auf Neues zu konzentrieren.

Aber auch für den Täter stellt das Verbreitungsmedium Internet ein unkalkulierbares Risiko dar. Sobald er die böswilligen Inhalte hochgeladen hat, verliert er jegliche Kontrolle darüber. Er kann nicht steuern, wer seine Nachrichten, Bilder oder Videos kopiert und verteilt. Auch hier gilt, dass die Inhalte im Netz ständig vorhanden sind. So sind unter Umständen Jahre später noch Rückschlüsse auf den Täter möglich. Oder dem Verursacher der Bullying-Attacke sind die Inhalte später selbst unangenehm, weil es sich mit dem Opfer mittlerweile versteht oder es aus den Augen verloren hat, aber auf die Vorgänge noch angesprochen wird. Ein nachteiliger Punkt für ihn besteht auch noch darin, dass Inhalte aus dem Netz schwieriger zu löschen sind, je länger sie darin kursierten und je mehr Personen diese Daten weiterverteilt haben. Im Zuge der Störerhaftung kann er aber verpflichtet werden, die strafbaren Inhalte zu löschen.

Zuvor sollte der von Cyber-Bullying betroffene zur Dokumentation die betreffenden Textpassagen, Bilder oder Filme sichern (speichern, Sreenshot oder ggf. auch fotokopieren oder ausdrucken). Notwendig ist auch das Notieren der genauen Bezeichnung der Website, auf der er die Schmähungen gegen sich gefunden hat, das dazugehörige Datum sowie die Uhrzeit. Dies vereinfacht die Suche nach Beweismitteln auf dem Rechner bzw. Handy des Beschuldigten bzw. erleichtert die Suche auf einem Server.

Im Zuge der Störerhaftung sollte der Verursacher am besten schriftlich und mit Fristsetzung aufgefordert werden, die beleidigenden Inhalte zu löschen. Sollte die Person, die für die Verbreitung der Schmähungen verantwortlich ist, unbekannt sein oder nicht ermittelt werden können, kann auch der Anbieter der jeweiligen Internetseite aufgefordert werden, die kompromittierende Inhalte zu entfernen. Bei *Facebook* befinden sich in der ersten Zeile des jeweiligen Beitrages drei kleine graue Punkte. Werden diese angeklickt öffnet sich ein Menü. In diesem Menü kann „Support erhalten oder Beitrag melden – Ich bin besorgt über diesen Eintrag" ausgewählt werden. Danach erscheint Auswahlmenü, aus dem das erkannte Problem ausgewählt werden kann, zum Beispiel „Sonstiges". Dort können widerrechtlich eingestellte Foto- oder Filmbeiträge oder beleidigende Textnachrichten gemeldet werden. Eine Erläuterung des Problems in einem Freitextfeld ist jedoch nicht möglich. Weitere Tipps, wie zum Beispiel den Teilnehmer zu blockieren oder nicht mehr zu abonnieren, erscheinen jedoch.

Auch bei *Google* können entsprechende Inhalte gemeldet werden. Hierzu kann der Google Support (support.google.com/webmasters) aufgerufen werden. Danach folgt eine Menüauswahl u. a. mit dem Punkt „Inhalte aus der Google-Suche entfernen". Dort gibt es dann eine Schritt-für-Schritt-Anleitung. Bevor im Cache der Suchmaschine nicht mehr nach der entsprechenden Seite gesucht wird, müssen alle betreffenden Inhalte zuvor auf der ursprünglichen Seite entfernt und diese Internetseite aktualisiert werden. Bei anderen Anbietern sind solche Meldestellen ebenfalls vorhanden und können über ähnliche Wege oder regelmäßig den Link „Kontakt" erreicht werden.

XII Cybermobbing, Cyber-Bullying

Flankierend zu den Löschungsmaßnahmen sollte bei der Polizei eine Strafanzeige gestellt werden. Hierzu ist bei verschiedenen Delikten ein Strafantrag notwendig. Dieser muss bei minderjährigen Geschädigten von den Erziehungsberechtigten gestellt werden. Als Prozessbeteiligter erhält das Opfer über seinen Rechtsbeistand Akteneinsicht. Ebenfalls kann der Zivilklageweg beschritten werden.

Zusätzlich kann der Täter auf der Seite, auf der er im Internet sein Opfer mit Beleidigungen verfolgt, blockiert bzw. dem Anbieter gemeldet werden. Dieser hat dann die Möglichkeit, diese Person zu verwarnen, vorübergehend oder auf Dauer zu sperren. Der vom Täter verfolgte sollte zusätzlich seine Kontakt- und Freundeslisten bereinigen und dessen Namen dort löschen.

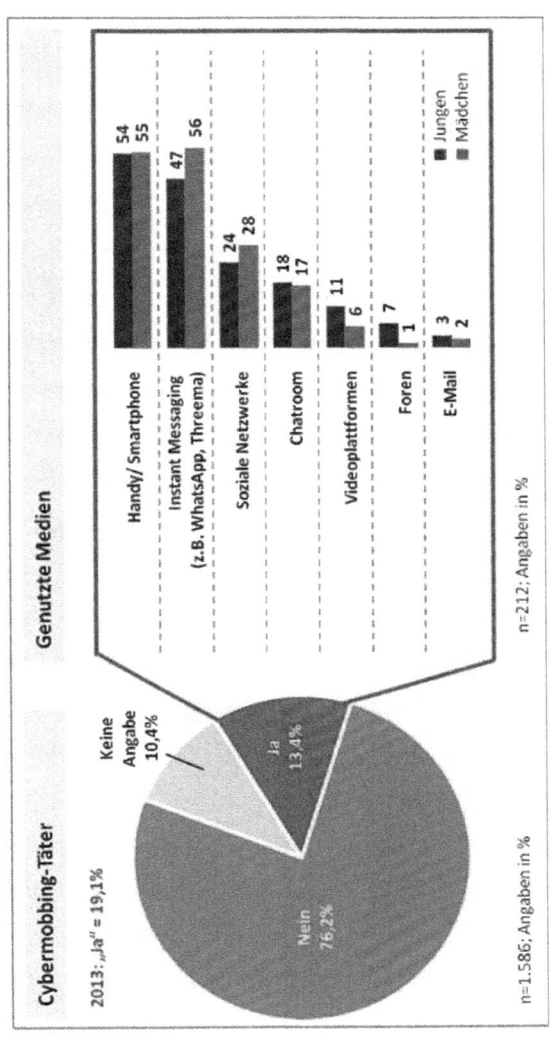

*Abbildung 16: Täter von Cybermobbing und ihre genutzten Medien.
Quelle: Leest/Schneider*

In der von *Leest und Schneider* für das Bündnis gegen Cybermobbing durchgeführten Studie berichten Schüler und Schülerinnen über ihre Eigenschaft als Täter bzw. Täterin von Mobbing. Ca. 19 % der Befragten gaben dabei an, schon einmal als Täter aufgetreten zu sein.[70]

2. Strafrechtliche Relevanz

§§ 185, 186, 187 StGB (Beleidigung; Üble Nachrede; Verleumdung) Im Bereich des Cyberbullyings überwiegen die Beleidigungsdelikte. Gemäß **§ 194 StGB** wird die Straftat der Beleidigung nur auf Antrag verfolgt. Die genannten Delikte können auch im Zuge der Privatklage verfolgt werden (**§ 374 StPO**), wenn die Staatsanwaltschaft die Verfolgung aus mangelndem öffentlichem Interesse abgelehnt hat. Dem Privatklageverfahren ist der Sühneversuch vorgeschaltet.

§ 201 StGB (Verletzung der Vertraulichkeit des Wortes), wenn beispielsweise ein Telefongespräch, das mit dem Opfer geführt wird, online gestellt wird.

§ 201a StGB (Verletzung des höchstpersönlichen Lebensbereiches durch Bildaufnahmen) ist zu prüfen, wenn ein Schüler z. B. heimlich beim Verrichten der Notdurft im Toilettenbereich der Schule gefilmt wird und dieser Film veröffentlicht wird.

§ 202 StGB (Verletzung des Briefgeheimnisses) kommt in Betracht, wenn verschlossene Briefe oder Schriftstücke geöffnet werden, um diese zu lesen. Darunter fallen jedoch keine E-Mails.

§ 238 StGB (Nachstellung – „Stalking")

§ 240 StGB (Nötigung)

§ 241 StGB (Bedrohung)

§ 253 StGB (Erpressung)

§ 22 f. KunstUrhG (Recht am eignen Bild)

§ 12 BGB (Recht am Gebrauch des eigenen Namens)

§ 824 BGB (Kreditgefährdung)

---

[70] *Leest/Schneider* 2017, S. 84.

Die Tatsache, dass Handlungen des Cybermobbings nicht nur einen Teil der Bestimmungen des Strafgesetzbuches erfassen, sondern auch Tatbestände anderer Gesetze mit tangieren, zeigt die vielfältigen Möglichkeiten auf, die sich einem Mobbingtäter bieten.

§ 74 Abs. 1 StGB (Voraussetzung der Einziehung) Als Nebenfolge der Tat können Gegenstände, die zum Zeitpunkt der Tat dem Täter gehörten und zur Tatausführung benutzt wurden, eingezogen werden. Das heißt, dass der Täter im Falle von Cybermobbing das Eigentum an PC, Notebook, Smartphone oder Handy auf Dauer verliert.

3. Zivilrechtliche Relevanz

§ 823 Abs. 1 BGB (Schadenersatzpflicht – allgemeine Haftungsgrundlagen), wenn z. B. durch das Mobbing ein gesundheitlicher Nachteil entstand oder auch Therapiekosten zu ersetzen sind.

§ 823 Abs. 2 BGB (Schadenersatzpflicht – Verletzung von Schutzgesetzen), wenn sich nach Prüfung des Tatbestandes von Strafgesetzen ergibt, dass es sich bei der verletzten Vorschrift um ein Schutzgesetz handelt und die Tatbegehung vorsätzlich war.

§ 253 Abs. 2 BGB (Schmerzensgeld).

§ 1004 BGB (Beseitigungs- und Unterlassungsanspruch), gegen denjenigen, der Bilder, beleidigende Texte oder verunglimpfende Videos beispielsweise im Internet (Fake-Account, soziale Netzwerke, Chats usw.) eingestellt hat. Von dieser Person kann gefordert werden, diese Daten wieder zu löschen. Sollte die Person unbekannt sein oder kann nicht ermittelt werden, kann auch der Provider der Seite in Anspruch genommen werden (Störerhaftung).

XII Cybermobbing, Cyber-Bullying

4. Checkliste für die Ermittlungspraxis

- ✓ Beleidigungsdelikte werden im Regelfall von der Schutzpolizei bearbeitet. Bei Delikten im Zusammenhang mit Cyber-Bullying, die nach dem Zuständigkeitskatalog den K-Dienststellen zugeordnet sind, erfolgt der **erste Angriff** durch die Schutzpolizei, die Endsachbearbeitung dann durch die Kriminalpolizei.
- ✓ Vernehmung des Anzeigenerstatters (bei Kindern (hier Anhörung) und Jugendlichen in Beisein der Erziehungsberechtigten) bzw. Durchsicht der ggf. durch einen Rechtsanwalt übermittelten Anzeige auf Vollständigkeit (insbesondere der Herausarbeitung der einschlägigen Tatbestandsmerkmale). Ggf. Nachvernehmung veranlassen bzw. zusätzliche Stellungnahme einholen.
- ✓ Strafantrag einholen, bei Minderjährigen beim Erziehungsberechtigten.
- ✓ Alle vom Geschädigten gefertigten Unterlagen und Dokumentationen, wie Screenshots, E-Mails, Ausdrucke, Fotokopien u. ä., aushändigen lassen. Wichtig in diesem Zusammenhang ist auch ein eventuell erstelltes „Mobbingtagebuch", in dem notiert wurde, wann welche Aktionen gegen den Geschädigten geführt wurden.
- ✓ E-Mail-Header speichern bzw. Kopie fertigen.
- ✓ Anforderung der Daten des Headers beim Telekommunikationsanbieter. (Da es sich hier um sog. Bestandsdaten[71] handelt, kann ein Auskunftsersuchen gem. § 113 TKG formlos an den Anbieter gestellt werden.)

---

[71] **Bestandsdaten** (§ 3 Nr. 3 TKG) sind Daten eines Teilnehmers, die für die Begründung, inhaltliche Ausgestaltung, Änderung oder Beendigung eines Vertragsverhältnisses über Telekommunikationsdienste erhoben werden. Unterschieden wird in Diensteanbieter Telekommunikation (§ 3 Nr. 6 TKG) und in Diensteanbieter Telemedien (§ 2 Nr. 1, 2 TMG; hier wird auch eine eigene Definition der Bestandsdaten unter § 14 Abs. 1 TMG geboten, die sich inhaltlich nicht eklatant von der des TKG unterscheidet). Konkret können über §§ 112, 113 TKG bzw. § 14 Abs. 2 TMG angefragt werden: Name, Anschrift, Geburtsdatum des Anschlussinhabers bei natürlichen Personen, Rufnummer, Anschlusskennung, Formulare, die bei bzw. vor Vertragsabschluss vorgelegt wurden (Ausweiskopien), Kontodaten, IMEI-Nummer eines Mobiltelefons, sofern dieser Person bei Vertragsabschluss ein Gerät überlassen wurde. **Verkehrsdaten** (§ 3 Nr. 30 TKG) hingegen sind Daten, die bei der Erbringung eines Telekommunikationsdienstes erhoben, verarbeitet oder genutzt werden. Die Rechtsgrundlage für den Anbieter zur Erhebung und Verwendung der Daten ergibt sich aus § 96 Abs. 1 TKG, für die Speicherung der Daten sowie die Speicherfristen aus § 97 Abs. 1, 3 TKG. Für das Auskunftsersuchen an den Anbieter zur Herausgabe dieser Daten ist ein richterlicher Beschluss nach § 100g StPO notwendig.

> - ✓ Beantragung eines Durchsuchungsbeschlusses nach §§ 102, 105 Abs. 1, 162 Abs. 1 StPO.
> - ✓ Klärung, ob aufgrund der Bedeutung des Vorganges zur Durchsuchung ein Beamter mit Fachwissen bezüglich der Sicherstellung der Hardware notwendig ist.

Sollte dies nicht notwendig sein, sollte bei der **Sicherstellung von PC oder Tablets** darauf geachtet werden, dass

> - ✓ der Beschuldigte keinen Zugriff auf den Rechner mehr hat, auch nicht auf Netzkabel, Maus oder ggf. Fernbedienung,
> - ✓ der Betriebszustand der Anlage dokumentiert wird (v. a. Anschlüsse, Zusatzgeräte),
> - ✓ Kenn- und Passwörter für den Zugang zum System bzw. zu Ordnern in Erfahrung gebracht werden,
> - ✓ gestartete („offene") Programme einzeln beendet und ggf. Dokumente abgespeichert werden,
> - ✓ auf keinen Fall der Rechner benutzt wird (Vorab-Recherche; Erstellung eigener Dateien),
> - ✓ der Rechner ordnungsgemäß heruntergefahren und ausgeschaltet wird
> - ✓ externe Speichermedien ebenfalls sichergestellt werden (externe Festplatten, Speichersticks) oder der Zugang hierzu möglich gemacht wird,
> - ✓ für mobile Hardware (Laptop, Tablet) das Ladegerät mit sichergestellt wird,
> - ✓ alle Gegenstände, die sichergestellt werden, im Sicherstellungsverzeichnis aufgelistet werden (hier auch bereits an Gegenstände denken, die zwar für die Untersuchung/Auswertung nicht von Belang sind, aber der Einziehung unterliegen könnten!) und das Original ausgehändigt wird,
> - ✓ bei Rückkehr zur Dienststelle alle Gegenstände einzeln erfasst und asserviert werden.

Bei **mobilen Kommunikationsgeräten** (Mobiltelefonen, Smartphones) sollte darüber hinaus folgendes beachtet werden:

> - Das Ladegerät ebenfalls sicherstellen/beschlagnahmen.
> - Sicherstellen, dass der Akku während des Transportes noch über ausreichende Kapazität verfügt. Ggf. eine Powerbank verwenden.
> - Das Smartphone keinesfalls ausschalten, wenn die PIN unbekannt ist.
> - PIN und Passwörter für den Zugang zum Gerät und auch der SIM-Karte erfragen und notieren.
> - PIN und Kennwörter unverzüglich der beauftragten Forensik übermitteln.
> - Fernlöschung verhindern durch Aktivieren des „Flugmodus" oder durch den Transport und Lagerung in sog. „Faraday-Packs".
> - Auswerteantrag exakt formulieren. Eine Liste mit fallbezogenen Suchbegriffen ist äußerst hilfreich. Keine Pauschalangaben wie „Auswertung der Asservate" verwenden. Für die Antragstellung Formblätter oder eine EDV-Anwendung (z. B. rsEvid©) benutzen.

5. Präventionsmaßnahmen

Bei der Prävention von Cybermobbing müssen alle Bezugspersonen von Kindern und Jugendlichen zusammenarbeiten. Deshalb sind vor allem Eltern und die Schule gefragt. Insbesondere für Schulen gibt es ein großes Angebot an Präventionsmaterialen. Die Suche nach geeigneten Programmen sollte sich nach den Grundzügen der Präventionsarbeit, u. a. Langfristigkeit, Nachhaltigkeit, Zielgruppenorientiert und in den Schulalltag integriert, gerichtet werden. Darüber hinaus sollten Schulleitung und Lehrer

- sich Wissen über (Cyber-)Mobbing aneignen,
- rechtzeitig einen Interventionskatalog erarbeiten,
- offensiv an das Thema herangehen,
- Mobbing im Unterricht thematisieren,
- regelmäßig Klassenstunden zum Thema Mobbing abhalten bzw. in den Jahresablauf integrieren,
- ggf. eine Schüler-AG initiieren,

- eine Handynutzerordnung erlassen, wenn nicht schon ministeriell geregelt,
- die Vorzüge der „Neuen Medien" herausstellen und auch auf Gefahren und schädliche Missbrauchsmöglichkeiten hinweisen.

In einem Fall von Mobbing sollten sie
- anerkennen, dass es Mobbing gibt und darauf reagieren,
- mit den Eltern kooperieren,
- schulrechtliche Maßnahmen festlegen und verhängen,
- die Zusammenarbeit mit Schulamt, Eltern, geeigneten externen Stellen und den Präventionsbeamten der Polizei verstärken.

Lehrer wie Eltern sollten
- das Selbstbewusstsein ihrer Schüler/Kinder stärken,
- das Einfühlungsvermögen ihrer Schüler/Kinder wecken bzw. steigern,
- die gegenseitige Wertschätzung steigern,
- ernsthaft loben und nicht nur nach verbesserungswürdigen Fehlern suchen.

Als mögliche **Programme für Schulen** stehen zur Verfügung (Auswahl):
- „PIT – Prävention im Team", ein Programm zum sozialen Lernen und zur Kriminalprävention im Jugendalter. Das Programm wurde in Bayern in Kooperation mit dem Staatsministerium für Bildung und Kultus und dem Staatsministerium des Inneren, für Sport und Integration nach einer Vorlage aus Schleswig-Holstein erarbeitet. Es ist auf den bayerischen Lehrplan abgestimmt und enthält neben Materialien zu Mobbing auch Unterlagen den Themen „Eigentum", „Gewalt", „Sucht" und „Zivilcourage". Bezugsquelle: https://www.polizei.bayern.de/lka/schuetzenvorbeugen/kriminalitaet/index.html/326.
- „Berlin-Brandenburger Mobbingfibel" Die Fibel beschäftigt sich nicht nur theoretisch mit dem Thema (Cyber-)Mobbing, sondern zeigt Methoden und Strategien zur Prävention auf und beschreibt Hilfsmöglichkeiten im akuten Fall. Bezugsquelle: www. bildungsserver.berlin-brandenburg.de, unter der Rubrik „Themen", „Mob-

bing", „Berlin-Brandenburger Anti-Mobbing-Fibel", „Download der Anti-Mobbing-Fibel".
- „klicksafe – Die EU-Initiative für mehr Sicherheit im Netz" bietet ebenfalls theoretisches Wissen über Mobbing und Cybermobbing. Gleichzeitig werden ebenfalls Unterrichtsmaterialien zur Gestaltung von Unterrichtseinheiten angeboten. Bezugsquelle: www.klicksafe.de, unter der Rubrik „Themen"; „Kommunizieren", „Cyber-Mobbing".
- „lehrer online – unterrichten mit digitalen Medien" bietet eine Internetseite mit verschiedenen Themen zur Medienerziehung. Darunter befindet sich auch ein Beitrag zu Cyber-Buliying für Lehrer und Eltern. Bezugsquelle: www.lehrer-online.de, unter der Rubrik „Themen", „Themenwelten", „Fächerübergreifend", „Gewalt in der Schule".

Als mögliche **Informationsseiten für Eltern** stehen zur Verfügung (Auswahl):
- „Schau hin! Was deine Kinder machen" gibt sowohl Tipps für Eltern von Mobbingopfern wie auch für Eltern von Tätern. Bezugsquelle: www.schauhin.webnode.com, unter der Rubrik „Medienerziehung", „Internet", „Internet Eltern-Tipps zum Umgang mit Cybermobbing".
- „Mobbingberatung" bietet zahlreiche allgemeine Erziehungstipps und spezielle Tipps zum Erstverhalten für Eltern sowie Hinweise für Eltern von Opfern und von Tätern. Bezugsquelle: www.mobbingberatung.info, unter der Rubrik „Eltern".

Als mögliche **Informationsseiten für Kinder und Jugendliche** stehen zur Verfügung (Auswahl):
- „Safer Internet – Das Internet sicher nutzen". Die Seite aus Österreich bietet viele praxisnahe Tipps und Hinweise für Kinder und Jugendliche, aber auch für Lehrer und Eltern. Bezugsquelle: www.saferinternet.at, unter der Rubrik „Jugendliche", „Tipps – 10 Tipps für einen sicheren Umgang mit Internet, Smartphone & Co.", „Tipp Nr. 7".

- „polizeifürdich" ist die Präventionsseite für Jugendliche der Polizeilichen Kriminalprävention der Länder und des Bundes. Neben wertvollen Tipps und Hinweisen zu anderen Themen (unter anderem auch dem Ablauf eines Strafverfahrens „Was passiert, wenn?") gibt es auch Rat zum Verhalten bei Mobbing. Bezugsquelle: www.polizeifürdich.de, unter der Rubrik „Cybermobbing".
- „juuport" ist eine Beratungseite, bei der sich Betroffene interaktiv mit den Seitenbetreuern u. a. zum Thema „Cybermobbing" austauschen können. Daneben gibt es Informationen u. a. zu Sexting und Cybergrooming. Bezugsquelle: www.juuuport.de, unter der Rubrik „Beratung".

XIII. Passwortsicherheit

1. Beschreibung

Zum Ende eines jeden Jahres veröffentlichen die Fachpresse, namhafte Firmen und Institute die „Top 10 der schlechten Passwörter"[72]. Seit Jahren rangieren dort „123456", „123456789", „12345678", „1234567" oder „111111" und „abc123". Gleichzeitig werden Empfehlungen zur Generierung sicherer Passwörter ausgegeben. Die Firma Microsoft hat in einer Studie 3 Milliarden Passwörter, die aus unterschiedlichen Datendiebstählen stammen, zusammengestellt und diese mit den Passwörtern ihrer Kunden verglichen[73]. Dabei handelte es sich nicht um Passwörter im Klartext, sondern um Hashes. Bei dieser Gegenüberstellung wurden 44 Millionen Übereinstimmungen gefunden. Das heißt, dass diese Konten mit Passwörtern „gesichert" waren, die bereits einmal gestohlen[74] worden waren und damit potenziell unsicher sind. Microsoft weist mit einer Passwort-Reset-Aktion Kunden auf ihr schwaches Passwort hin und fordert sie zum Zurücksetzen auf.

Im Frühjahr 2019 tauchte ein gewaltiger Datensatz mit gestohlenen Login-Daten auf. Über 773 Millionen E-Mail-Adressen und über 21 Millionen im Klartext lesbare Kennwörter konnten in diesem Datensatz aufgefunden werden. Diese Datensammlung mit einer Größe von 87 Gigabyte reiner Textdatei weist mehr als eine Milliarde Kom-

---

[72] Vgl. https://tech-aktuell.de/top-10-der-beliebtesten-passwoerter-2019-in-deutschland (zuletzt aufgerufen 22.4.20220); https://hpi.de/pressemitteilungen/2018/die-top-ten-deutscher-passwoerter.html (zuletzt aufgerufen 22.4.2020).

[73] https://www.chip.de/news/44-Millionen-Microsoft-Konten-potenziell-unsicher_177778917.html (zuletzt aufgerufen 22.4.2020);
Der im Artikel des Onlinemagazins „Chip.de" genannte Link auf die Forschungsergebnisse von Microsoft ist nicht mehr aktuell. Gefunden werden können die Ergebnisse noch unter http://web.archive.org/web/20191207132012/https:/www.microsoft.com/securityinsights/identity. Dank an dieser Stelle an den Autor *Jörg Geiger* für den Hinweis.

[74] Beispiele: https://www.csoonline.com/article/2130877/the-biggest-data-breaches-of-the-21st-century.html;
https://www.theregister.co.uk/2019/02/11/620_million_hacked_accounts_dark_web/
https://www.handelsblatt.com/technik/it-internet/datenleak-2-2-milliarden-e-mail-adressen-samt-passwoertern-veroeffentlicht/23910470.html?ticket=ST-2065599-JLEZM1Yl2kFFR9wjTKww-ap1 (alle zuletzt aufgerufen 22.4.2020).

binationen auf. Bekannt wurde diese Datensammlung unter dem Namen „Collection#1". Um festzustellen, ob auch die eigene E-Mail-Adresse hiervon betroffen ist, kann man die Plattform *haveibeenpwned* (https://haveibeenpwned.com/) nutzen. Betreiber dieser Plattform ist der australische Sicherheitsforscher *Troy Hunt*.[75] Bislang sind auf der Webseite 438 betroffene Webseiten und Dienste mit 9.555.428.218 betroffenen Accounts hinterlegt.[76] Durch den Check erhält man Auskunft, bei welcher Plattform diese E-Mail-Adresse betroffen ist. Eine Kennwortänderung ist als Maßnahme unerlässlich. Ein weiterer Onlinedienst, der vom BSI empfohlen wird, ist der des Hasso-Plattner-Institutes. Mit dem „HPI Identity Leak Checker" kann mithilfe der E-Mailadresse geprüft werden, ob persönliche Identitätsdaten bereits im Internet veröffentlicht wurden. Per Datenabgleich wird kontrolliert, ob eine E-Mailadresse in Verbindung mit anderen persönlichen Daten (z. B. Telefonnummer, Geburtsdatum oder Adresse) im Internet offengelegt wurde und missbraucht werden könnte.[77]

Ein sicheres Passwort setzt sich aus einer Kombination von Ziffern, Buchstaben in Groß- und Kleinschreibung sowie Sonderzeichen zusammen. Die Tastatur eines PC bietet somit 96 Möglichkeiten, die untereinander kombiniert werden können. Empfohlen wird ein Passwort zu generieren, welches aus mindestens zehn Zeichen besteht. Zehn Zeichen deshalb, da durch die fortschreitende Technologie schnellere Rechnerleistungen erreicht werden können. Mit leistungsfähigen Prozessoren können in weniger Zeit mehr Schlüssel generiert werden.[78] Nicht gewählt werden sollen der eigene Namen, Namen von Familienangehörigen, von Freunden, Stars im Show- oder Sportgeschäft oder von Haustieren. Ebenfalls sollte vermieden werden, den Namen seines Lieblingssportvereins, seines Arbeitgebers oder Angaben über ein Hobby zu verwenden.

Bis Anfang des Jahres 2020 rieten Experten, unter anderem auch das BSI, Passwörter regelmäßig zu ändern. Diese Empfehlung gilt nun nicht mehr. Der Hintergrund für die Streichung dieses Ratschlages

---

75 Pressemitteilung des BSI am 17.1.2019.
76 Vgl. https://haveibeenpwned.com/#, Stand 7.4.2020.
77 Vgl. https://sec.hpi.de/ilc/.
78 Siehe „Zusammenhang von Brute-Force-Attacken und Passwortlänge", http://www.1pw.de/brute-force.html (zuletzt aufgerufen 22.4.2020).

aus dem Grundschutz-Leitfaden des BSI ist die Befürchtung, dass bei der „Pflicht", Kennwörter in bestimmten Zeitabständen zu wechseln, eher schwache Passwörter gewählt werden. Diese könne sich der User besser merken. Bei entsprechend starken Passwörtern können diese über einen längeren Zeitraum genutzt werden. Eine Änderung muss allerdings erfolgen, wenn das generierte Passwort ausgespäht wurde, oder der Nutzer glaubt, dass dies passiert sein könnte.

Damit sich der User ein Passwort merken kann sollte er sich einen entsprechenden Merksatz überlegen. Dieser könnte beispielsweise lauten: „Im Winter fahre ich mit meiner Schwester gerne Snowboard!" So lautet das Passwort „IWf1&mSgS!" Der Buchstabe „i" von „ich" wird dabei durch die ähnlich aussehende Ziffer „1" und das Wort „mit" durch das Zeichen „&" ersetzt. Der Merksatz sollte selbst überlegt werden und nicht aus einem Zitat bestehen.

Für jedes einzelne Portal bzw. jeden einzelnen Dienst muss ein eigenes Passwort generiert werden. Würde es dem Angreifer gelingen, ein Passwort zu entschlüsseln, hat er keinerlei Zugriff auf die anderen Anwendungen. Hier bietet es sich an, hinter dem Merksatz eine Ergänzung zu der jeweiligen Plattform zu machen. Z. B. ein angesetztes „eb" für ebay oder ein „pa" für PayPal. Es verbietet sich von allein, das Passwort auf einem Klebezettel an den Computerbildschirm zu pinnen bzw. neben die Tastatur zu legen. Auch an dritte sollte der persönliche Code nicht weitergegeben werden. Auch nicht an den besten Freund/die beste Freundin. Auch ein elektronischer Versand ist tabu. Selbstredend ist auch die regelmäßige Änderung der Passwörter notwendig.[79]

Auch sollte man sich überlegen, ob man diverse Tools nutzt. So existiert beim Browser Firefox beispielsweise die Möglichkeit, Benutzernamen und Kennwort abzuspeichern. Beim Aufruf der jeweiligen Seite werden dann diese Daten automatisiert eingetragen. Ein hilfreicher Dienst, vor allem, wenn man Kennwörter nutzt, die nicht einfach zu merken sind. Aber: Schafft es ein Hacker, den Browser anzugreifen und die Datenbank auszulesen, so kann er die gesamten Kennwörter einsehen. Diese sind nämlich im Klartext hinterlegt und nicht

---

[79] Mehr Informationen: www.bsi-fuer-buerger.de, unter der Rubrik „Empfehlungen – Passwörter" (zuletzt aufgerufen 22.4.2020).

verschlüsselt. Aus diesem Grund empfiehlt es sich nicht, diese Zusatzfunktion zu nutzen.

Passwort-Manager sind kleine Programme, die Benutzernamen und die dazu gehörigen Passwörter verwalten. Ein guter Manager verschlüsselt die Daten. Auch bieten viele dieser Programme Zusatzmodule, die beispielsweise gefährdete Webseiten aufzeigen oder Phishing-Attacken erkennen. Bei der Wahl des Passwort-Managers sollte man jedoch renommierte Hersteller wählen. Der Markt ist voll mit Anbietern. Woher weiß ich als Nutzer, dass meine Kennwörter nicht ausgelesen werden oder ob die App sicher vor Angriffen – weil sauber programmiert ist? Ein schwieriges Thema. Es empfiehlt sich daher, vor dem Kauf Informationen beispielsweise auf den Webseiten beim BSI einzuholen.

Neben dem Passwortschutz ist es auch unabdingbar, einen aktuellen Virenschutz installiert zu haben und diesen nicht nur im Modus der „Live-Überwachung" einzusetzen. Vielmehr sollte der PC in regelmäßigen Abständen auch mit der Virensoftware gescannt werden. Wichtig ist ebenfalls eine aktuelle Version einer Firewall.

2. Hintergrundwissen

Anmeldungen mittels Benutzernamen und Kennwörter sind zwischenzeitlich auf vielen Webseiten und Foren erforderlich. Im Rahmen dieser Anmeldung wird das Kennwort neben dem Benutzernamen zum entsprechenden Server gesendet. Das Senden ist die erste Schwachstelle. Wenn der Webseitenbetreiber keine SSL-Verschlüsselung (https://) verwendet, werden die beiden Datensätze im Klartext übertragen. Kann der Angreifer mit diversen Tools den Netzwerkverkehr mitlesen (insbesondere möglich in Internetcafés oder an diversen Hotspots, Internetzugänge im Hotel) ist es ihm problemlos möglich, den Benutzernamen und das Kennwort mitzulesen und im Anschluss missbräuchlich zu verwenden. Eine Verschlüsselung wird meist nur bei gewerblichen Portalbetreibern verwendet. Viele Diskussionsforen verwenden keine Verschlüsselungstechnik.

XIII Passwortsicherheit

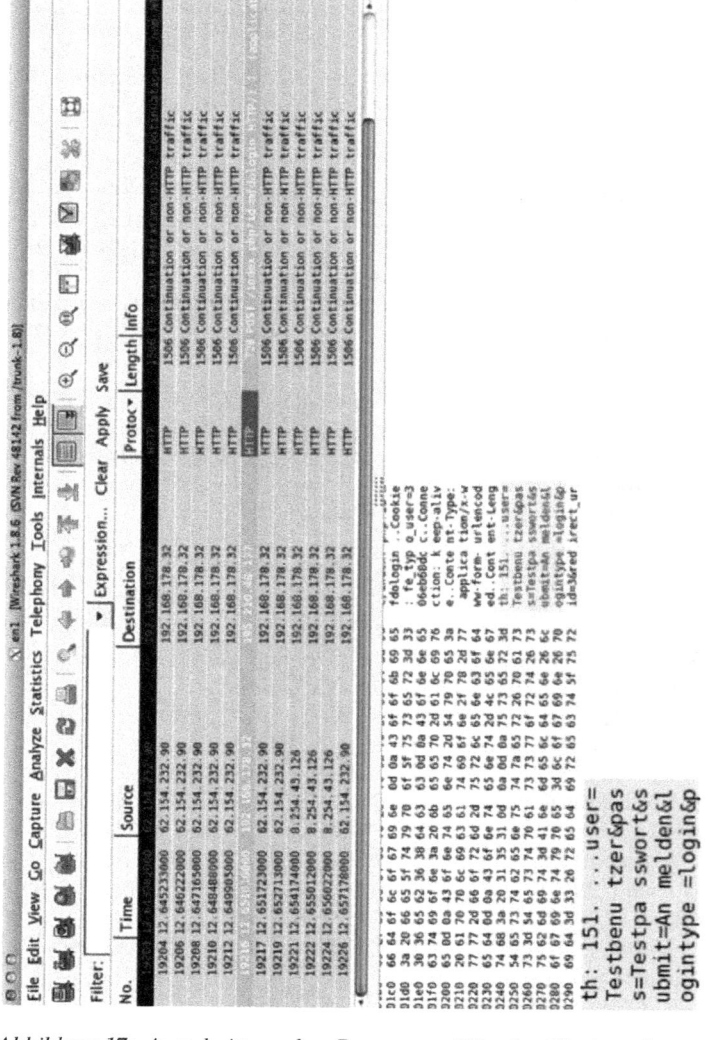

Abbildung 17: Ausschnitt aus dem Programm „Wireshark", einem kostenlosen Tool zum Mitlesen des Netzwerkverkehrs.

Im Beispiel wurde auf einer nicht verschlüsselten Webseite als Benutzer der Name „Testbenutzer" verwendet und „Testpasswort" als Passwort eingegeben. Der Täter kann diese beiden Datensätze problemlos mitlesen und später selbst verwenden. Ein paar Zeilen davor ist die angewählte Domain der Webseite, auf der die Daten eingegeben worden sind, hinterlegt.

Die zweite Schwachstelle ist die Programmierung der Webseiten-Software. Der User muss sich beim ersten Mal mit einem Benutzernamen und dem Kennwort registrieren. Nachdem das Kennwort an den Server gesendet wurde, wird dies neben dem Benutzernamen in einer Datenbank gespeichert. Wenn der Administrator hier falsche Einstellungen vornimmt oder nur ungewissenhaft die Seite betreibt bzw. wartet, wird dieses Kennwort im Klartext abgespeichert. Jeder, der es schafft Zugriff auf die Datenbank zu haben – z. B. durch eine sog. SQL-Injection – kann die Kennwörter neben Benutzernamen auslesen. In den Fällen, wo der User nur ein einziges Kennwort verwendet, führt der anschließende Versuch, die beiden Datensätze auch bei anderen Portalen einzusetzen, ohne großen Aufwand zum Erfolg. Nebenbei sei erwähnt, dass bei diversen Untergrund-Portalen diese Zugangsdaten käuflich zu erwerben sind. Über ein technisches Knowhow muss hier der Cyberkriminelle also gar nicht verfügen. Die Überprüfung abgephishter Zugangsdaten bei diversen Portalen erfolgt automatisiert mittels bestimmten Hacker-Programmen (z. B. Account-Checker). So können von Tätern in Untergrundforen Zugangsdaten mit „Funktionsgarantie" feilgeboten werden. Angebot und Nachfrage gestalten auch hier den Preis. Dass Zugangsdaten bereits für wenige Euro (bereits ab 10 € für Kreditkartendaten) zu erhalten sind, lässt erkennen, wie massenhaft solche Datensätze zum Verkauf bereitstehen.

3. MD5-Hash

Wird die Datenbank richtig betrieben, wird das Kennwort allerdings in verschlüsselter Form dargestellt. Üblich sind bzw. waren bei fast allen Datenbanken **Verschlüsselungen mit einem MD5-Hash**. Hierbei handelt es sich um eine kryptographische Hashfunktion, die aus einer beliebigen Nachricht einen 128-Bit-Hashwert erzeugt. MD5 gilt in-

XIII Passwortsicherheit

zwischen als nicht mehr sicher, da es aufgrund der immer größeren Rechenleistung[80] möglich ist, zahlreiche Hashwerte zu berechnen. Einfache Kennwörter können auf diesem Weg gehackt werden.

Vergibt ein Nutzer beispielsweise das Kennwort „kennwort123" wird daraus der Hashwert 38d640cd9451bd994f5d2c3bec07b1ef berechnet und in der Datenbank abgelegt. Bei einer Anmeldung des Benutzers wird dieser gespeicherte Hashwert mit der aktuellen Eingabe, die ja wiederum in MD5 verschlüsselt wird, verglichen. Stimmen die beiden Hashwerte überein, hat der Nutzer aus Sicht der Datenbank das richtige Kennwort eingegeben. Täter, welche die Datenbank hacken, können nur den MD5-Hash auslesen und „entwenden".

Hat der Täter wie hier den Datenbankeintrag gehackt und erlangt somit den MD5-Hash 38d640cd9451bd994f5d2c3bec07b1ef, kann er damit zunächst nichts anfangen. Die bloße Suche bei Google allerdings führt bereits zu mehreren Einträgen, die bereits den Klartext des Hashes – nämlich „Kennwort 123" darstellen.

Täter verwenden zum Knacken dieser Hashwerte in der Regel **Rainbow-Tables**. Hierbei handelt es sich, vereinfacht dargestellt, um ein vorberechnetes und gespeichertes Nachschlagewerk für Hashes. Im Internet können zahlreiche Rainbowtabellen herunter geladen werden. Diese weisen Größen von mehreren Megabytes bis hin zu Terabytes auf.

---

80 Die Täter verwenden oftmals hochwertige Grafikkarten, die durch den eigens eingebauten Prozessor eine enorme Rechenleistung hervorrufen. Weiterhin können sog. Cloud-Dienste (bezeichnet als Infrastructure-as-a-Service (IaaS)) in Anspruch genommen werden. Hier mietet sich der Täter quasi eine äußerst hohe Rechenleistung. Die Kosten hierfür sind im Gegensatz zur Anschaffung mehrerer Rechner überschaubar und erschwinglich. Auch Botnetze können für diese Berechnungen hergenommen werden.

MD5-Hash 3

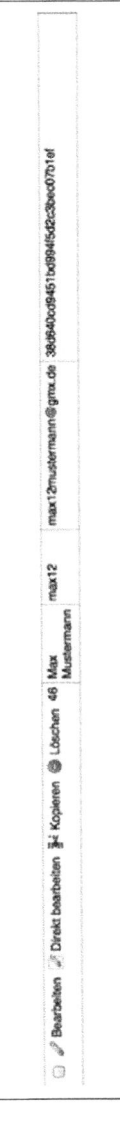

| ☐ ✎ Bearbeiten ✎ Direkt bearbeiten ⁑ Kopieren ⊝ Löschen | 46 | Max Mustermann | max12 | max12mustermann@gmx.de | 38d640cd9451bd99df5d2c3bec07b1ef |

Abbildung 18: Beispiel eines Eintrages einer SQL-Datenbank. Hier ist neben dem Benutzernamen und der E-Mailadresse auch das (verschlüsselte) Kennwort zu sehen.

38d6 - Hash Killer
hash-killer.com/dict/3/8/d6 ▾ Diese Seite übersetzen
... 38d640a4135df43b0a94a11e214e03c4 nnortlop
38d640c6d0f149a05b144d7080485d47 Gninoopmal
38d640cd9451bd99df5d2c3bec07b1ef kennwort123 ...

Abbildung 19: Ergebnis einer Google-Suche nach der Eingabe eines Hashwertes.

161

Verwendet man für Kennwörter Buchstaben, klein und groß geschrieben, Zahlen, Zeichen und Nummern, so hat man ca. 70 Zeichen zur Auswahl. Sind die Passwörter sechs Zeichen lang, ergeben sich daraus 117,6 Milliarden mögliche Passwortkombinationen. Hierbei sind nicht nur Wörterbuchattacken, also Wörter aus dem Duden enthalten, sondern auch beliebige Zeichenfolgen wie *a87?1l$*. Denkbar wäre es nun, alle möglichen Passwörter zu berechnen und in einer Datenbank zu speichern. Hier würde es einer Festplattenkapazität von ca. 2,4 Terrabyte bedürfen. Wählt man allerdings ein Passwort, das länger als sechs Zeichen ist, würde die benötigte Festplattengröße für eine entsprechende Datenbank bereits auf 13 Petabyte – das sind 13.000 TByte – ansteigen. Mit gewöhnlichem Hacker-Equipment wäre dies nicht mehr zu schaffen. Hier wird sehr deutlich, warum ein Passwort mit mindestens acht Stellen Länge zu wählen ist.

4. Salt

Durch einen **Salt** (engl. Salz) wird der Aufwand eines Angriffes ebenfalls erhöht. Bei einem Salt handelt es sich um eine zufällig generierte Zeichenfolge, die dem eigentlichen Passwort angehängt (Mitte, Anfang oder am Schluss) wird. Die Zeichenfolge wird somit erheblich vergrößert. Vom Programm wird hierbei nicht immer ein neuer Salt generiert, da sonst der errechnete Hashwert nicht identisch wäre. Aufgrund der hohen Anzahl möglicher Kombinationen ist aber ein Hacken hier mit normalen Mitteln nicht möglich.

XIV. Computerforensik

1. Die Rolle der Forensik

Computer spielen im Bereich der Kriminalität eine immer größere Rolle. Soweit Cybercrime-Delikte i.e.S.[81] nicht betroffen sind, werden von den Tätern bei zahlreichen Delikten „Computer" und „Internet" immer öfters als Tatmittel herangezogen. Somit wird es auch häufiger erforderlich, Computer sowie Peripheriegeräte als Beweismittel sicherzustellen und durch eine Fachdienststelle auszuwerten zu lassen. Bundesweit existieren für diese Auswertungen besonders geschulte Beamte, die als Mitglieder jener Fachdienststellen – in Bayern z. B. die DFO – „Digitale Forensik" – die Untersuchung vornehmen. Datenträger mit immer größerer Speicherkapazität, folglich die Menge auszuwertender Daten, sowie die stark wachsenden Fallzahlen stellen zunehmend eine große Herausforderung für diese Dienststellen dar.

Das Ziel einer forensischen Untersuchung ist immer klären zu können, „was, wo, wann und wie" geschehen ist. Für die Strafverfolgung ist zudem von Interesse „wer" es getan hat und wie eine Wiederholung vermieden werden kann.[82] IT-Forensik wird vom Bundesamt für Sicherheit in der Informationstechnik (BSI) als eine „streng methodisch vorgenommene Datenanalyse auf Datenträgern und in Computernetzen zur Aufklärung von Vorfällen unter Einbeziehung der Möglichkeiten der strategischen Vorbereitung insbesondere aus der Sicht des Anlagenbetreibers eines IT-Systems" verstanden.[83]

2. Postmortale vs. Live-Forensik

In der Computerforensik ist generell zwischen zwei Bereichen zu unterscheiden: Der **postmortalen Forensik** sowie der Live-Forensik. Bei

---

[81] U.a. Ausspähen von Daten, Abfangen von Daten, Datenveränderung, Computersabotage.
[82] Vgl. Leitfaden „IT-Forensik" des BSI, S. 22, www.bsi.bund.de, unter der Rubrik „Themen → Cyber-Sicherheit → Vorgehensweisen/Hilfestellungen/Dienstleistungen → IT-Forensik → Leitfaden IT-Forensik" (zuletzt aufgerufen 22.4.2020).
[83] *Ebd.*, S. 8.

der postmortalen Forensik ist die Tat bereits vollendet. Als Untersuchungsobjekte kommen meist Computer, Handys, Navigationsgeräte oder auch ganze Server in Frage. Der Forensiker erstellt hierbei regelmäßig ein forensisches Duplikat vom Originaldatenträger, an dem er die eigentliche Auswertung vornimmt. Das Original wird hierbei nicht angetastet. So ist gewährleistet, dass forensische Untersuchungen am Original nachvollzogen werden können und das Beweismittel vor allem unverändert bleibt. Unveränderlichkeit ist der wichtigste Grundsatz in der digitalen Forensik. Ein weiterer Vorteil bei der Verwendung von Duplikaten besteht darin, dass bei mehrfacher Spiegelung mehrere Forensiker gleichzeitig am Asservat arbeiten können, was die Auswertung gerade in Eilfällen beschleunigt. Dass der Datenträger bei der 1:1-Kopie nicht verändert wurde (sog. Integrität), wird anhand einer Prüfsumme (MD5-Hash[84]) nachgewiesen, die während der Spiegelung berechnet wird. Die Prüfsumme des Originals muss hierbei mit dem Duplikat identisch sein. Ändert sich bei dieser Hashwertberechnung im Rahmen der Spiegelung auch nur ein einziges Bit, ändert sich die Prüfsumme, so dass kenntlich wird, dass die Anfertigung der Kopie nicht ordnungsgemäß erfolgt ist. Ist die Prüfsumme allerdings deckungsgleich, ist gewährleistet, dass das Duplikat exakt dem Original entspricht.

Weitere wichtige Aspekte bei der Computerforensik ist zum einen die Akzeptanz der angewandten Methoden. Dies bedeutet, dass die verwendeten Tools und die Forensik-Auswertungssoftware[85] von der breiten Fachwelt akzeptiert wird. EnCase, X-Ways, Helix, FTK (Forensic Tool Kit) oder Autopsy sind nur ein paar gängige Produkte, die jedem Forensiker bekannt sind. Bei diesen – teilweise von Behörden[86] akkreditierten – Produkten bestehen also regelmäßig keine Zweifel am Endergebnis. Das Ergebnis wird hier allgemein als glaubwürdig eingestuft. Eine forensische Auswertung muss zudem wiederholbar sein. Dies bedeutet, dass bei gleicher Auswertung durch den

---

[84] MD5 Hash ist ein Algorithmus (kryptografische Hashfunktion), bei dem Daten – egal wie umfangreich diese auch sind (ein Wort oder eben eine komplette Festplatte) – zu einem 128 Bit großen Wert berechnet werden.
[85] Ein guter Überblick zu den gängigen Tools und Software ist unter https://www.computer-forensik.org/tools/ zu finden.
[86] Z. B. in den USA durch das FBI.

gleichen oder auch einen anderen Gutachter das gleiche Ergebnis erzielt werden muss.

Einen ganz wichtigen Punkt stellt auch die Dokumentation dar. Alle Schritte, die der Forensiker unternimmt, werden genauestens protokolliert. Bereits bei der Sicherstellung/Beschlagnahme sollte die exakte Dokumentation beginnen:

> - ✓ Datum und Uhrzeit festhalten
> - ✓ Übersichtsaufnahmen
> - ✓ Verhinderung der Aktivierung des Bildschirmschoners
> - ✓ Verhinderung des Ausschaltens bzw. Bedienung des Gerätes durch Anwesende
> - ✓ bei mehreren Personen Zuordnung zu den jeweiligen Geräten vornehmen
> - ✓ versehentliche Veränderungen genau protokollieren und Uhrzeit festhalten
> - ✓ Hinweise auf Passwörter erheben/erfragen (Klassiker: Bildschirm oder Unterseite Tastatur)

Zeitstempel spielen in der Forensik eine wesentliche Rolle. Sie können Auskunft über Tatzeit und Täter (wer war zur Tatzeit angemeldet) geben. Alle Programme hinterlassen diese Zeitstempel. Wenn ein Computersystem gestartet wird, werden zahlreiche Zeitstempel mit der aktuellen Zeit überschrieben. Ein Tatnachweis ist dann oftmals nicht mehr zu führen. Daher ist es von großer Bedeutung, einen sichergestellten und ausgeschalteten Rechner nicht in Betrieb zu nehmen. Wird die Festplatte des sichergestellten Rechners für die spätere Forensik dupliziert, wird das Original an einen sog. Schreibschutz/Writeblocker angeschlossen. Dieses Gerät verhindert, dass Daten (also auch neue Zeitstempel) auf das Beweismittel geschrieben werden. Zwar haben auch diverse Forensik Tools einen logischen[87] Schreibschutz integriert, jedoch stellt dieser keinen hundertprozentigen Schutz dar.

---

[87] „Logisch" bedeutet programmtechnisch; im Gegensatz zum physischen, also mittels einer Hardwarekomponente.

Abbildung 20: Schreibblocker der Firma „Wiebetech" im Einsatz.

Im abgebildeten Beispiel wurde die auszuwertende Festplatte an den Schreibblocker angeschlossen, der wiederum mit dem Auswertungsrechner verbunden ist. Die Hardware verhindert, dass das Asservat beschrieben (insb. aktuelle Zeitstempel) wird. Nur ein Lesen der Festplatte ist möglich.

Bei der postmortalen Forensik werden nach einem Vorfall meist Daten gesucht, gelöschte Dateien wieder sichtbar gemacht. Der Klassiker stellt hierbei die Kinderpornografie dar. Hier wird nach entsprechendem Bildmaterial gesucht, das der Täter vom Internet heruntergeladen hat.

Im Gegensatz dazu steht die **Live-Forensik** (Live Response). Hier ist der Angriff durch den Täter noch gegenwärtig. Es geht bei diesen Fällen meist um die Computeranlage eines Geschädigten und Angegriffenen. Dabei gilt es besonders die flüchtigen Daten – wie die des Arbeitsspeichers – zu sichern. Auch die Überwachung bzw. der Mitschnitt des Netzwerkverkehrs, die Erhebung der offenen Ports sowie der laufenden Prozesse, Time-Stamps etc. sind hierbei regelmäßig beweiskräftig zu protokollieren. Nach dem Ausschalten des Rechners gehen diese Daten binnen kurzer Zeit verloren. Beim ersten Angriff sollte daher immer Kontakt mit einer Fachdienststelle aufgenommen werden.

3. Sicherstellung

Eine Frage, die sich immer stellt, ist die des richtigen Abschaltens bzw. des Herunterfahrens im Rahmen der Sicherstellung/Beschlagnahme. Hier herrscht in der Fachwelt keine einheitliche Meinung. Ein Expertenkreis empfiehlt, den PC immer ordnungsgemäß herunter zu fahren. Die andere Meinung besagt, dass es zielführend sein kann, den „Stecker zu ziehen". Hintergrund dieses oftmals als brachial beschriebenen Vorgehens ist, dass viele Täter Scripte aktiviert haben, die, sobald der PC auf normalem Weg herunter gefahren wird, Daten löschen oder andere Anti-Forensik-Prozesse starten. Gerade bei Hackern dürften solche Tools zu erwarten sein. Diese Werkzeuge haben prinzipiell zwei Ziele: Einmal sollen Datensicherungen und die Datenanalyse vereitelt werden. Dies geschieht durch die Löschung oder Veränderung relevanter Daten. Viele solcher Tools sind für den Täter im Internet kostenfrei verfügbar. Ein weiteres Ziel der Anti-Forensik-Tools besteht darin, erfolgte Angriffe für den betreffenden Administrator unsichtbar zu machen. Normalerweise hinterlässt der Täter eine Spur respektive bestimmte Angriffsmuster. Diese Muster können automatisiert (durch ein „Intrusion Detection System" – IDS[88]) oder manuell als Angriffe erkannt werden. Löscht der Täter diese „Spuren" des Angriffs, bleibt dieser möglicherweise unbemerkt.

Eine große Gefahr bei Hackern andererseits ist, dass diese vermehrt Daten verschlüsseln und Kennwörter verwenden, die eine forensische Auswertung zumindest erschweren, wenn gar unmöglich machen, sollte der PC ausgeschaltet oder gesperrt sein. Bei diesem Personenkreis sollte die Anlage vor einer forensischen Sicherung überhaupt nicht herunter gefahren werden. Eine immer gültige Handlungsanweisung kann somit nicht ausgesprochen werden. Es empfiehlt sich, immer Rücksprache mit der Fachdienststelle zu halten.

---

[88] Einzelheiten dazu http://de.wikipedia.org/wiki/Intrusion_Detection_System.

XIV Computerforensik

Ist eine Rücksprache nicht möglich, kann bei der Sicherstellung zumindest nach folgendem Schaubild vorgegangen werden:

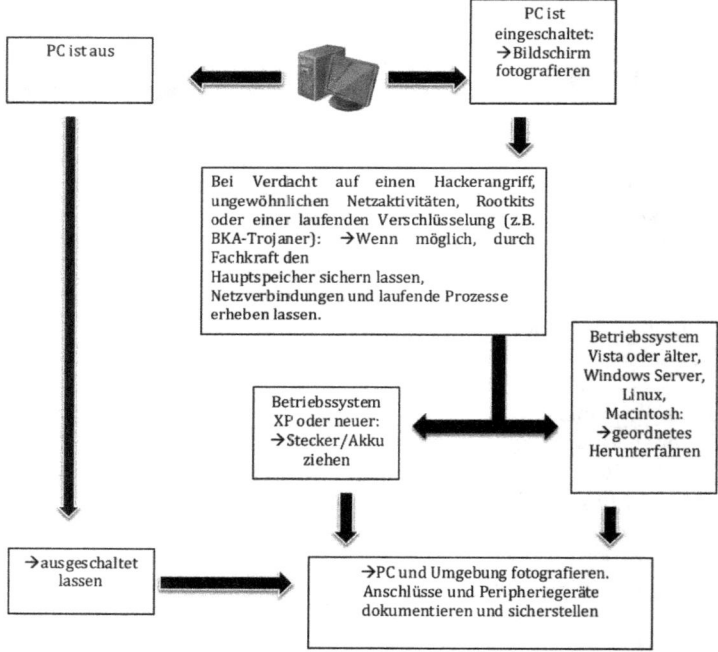

Abbildung 21: Empfohlenes Vorgehen bei der Sicherstellung.

Betriebssysteme ab XP sind in der Lage, Schäden, die durch falsches Herunterfahren entstehen, selbstständig zu beheben. Bei diesen Betriebssystemen kann also, wenn vermutet wird, dass Anti-Forensik-Tools laufen, bei Erfordernis der „Stecker gezogen werden".

4. Mobile Forensik

Die Anzahl der genutzten mobilen Endgeräte steigt jährlich an. Und dies im privaten als auch im beruflichen Umfeld. Die Netz-Anbindung wird stets ausgebaut und die verschiedenen Anwendungsprogramme (Apps) werden mehr und mehr. Natürlich nutzen auch Straftäter diese Geräte. Sei es zur Verabredung einer Straftat oder sie führen bei der Tatbegehung die Gerätschaften mit. Ein Umstand, der für die Ermittlungsbehörden durchaus von großem Interesse ist. So kann im Rahmen der Forensik oft ein Standort festgestellt werden oder inkriminierte Inhalte aus Chats und Messenger Diensten ausgelesen werden.

Die forensische Auswertung der Geräte stellt sich jedoch meist problematischer dar als die der Desktop-PCs. Während beim Desktop-PC die Softwareanbieter überschaubar sind, verwenden die Handyhersteller durchaus unterschiedlichste Betriebssysteme. iOS, Android oder Symbian, Blackberry OS 10berry OS 10/Blackberry OSberry OS, sind die meist verbreiteten. Zu jedem Produkt gibt es dazu noch zahlreiche Programmversionen, die für die Digitale Forensik durchaus wichtig sind. Auch immer größer werdende Datenspeicher stellen eine enorme Herausforderung für die Forensiker dar.

Doch bereits die Sicherstellung dieser Geräte erfordert eine bedachte Herangehensweise. So ist es heutzutage möglich, die Geräte per Befehl aus der Ferne zu löschen. Die Daten stehen somit für eine Auswertung nicht mehr bereit und sind unwiderruflich gelöscht. Die Löschung kann verhindert werden, wenn das Gerät bei der Sicherstellung in den „Flugmodus" gesetzt wird oder in abgeschirmte Transportbehältnisse verpackt werden, sog. Faraday-Packs. Doch auch die manuelle Löschung ist am Gerät mit ein paar Klicks und Handgriffen möglich. Dem Beschuldigten sollte daher baldmöglichst kein Zugriff mehr auf das Gerät gewährt werden.

Sollte der Beschuldigte nicht kooperativ sein und sein Passwort den Ermittlungsbehörden nicht nennen, kann das Gerät oftmals entsperrt werden. Hier ist es wichtig, auch den Laptop oder den Desktop sicherzustellen, da mit diesen Geräten eine Entsperrung möglich ist (z. B. durch Nutzung des Backups). Auch können moderne forensische Programme Smartphones entsperren. Dafür ist es jedoch erforderlich, dass die Geräte bei der Sicherstellung nicht heruntergefahren, also ausgeschaltet werden. Bis zur Übergabe an die Forensiker ist daher dafür Sorge zu tragen, dass ausreichend Akkukapazität vorhanden ist.

XV. Organisationen und Gremien der IT-Sicherheit

1. Europäische Union

1.1 Agentur der Europäischen Union für Cybersicherheit – ENISA

Seit 2004 richtet sich die Agentur der Europäischen Union für Cybersicherheit (bis 28.6.2019 „Agentur für Netz- und Informationssicherheit") – ENISA an Bürger, Unternehmen und die Organe der EU mit der Aufgabe Netz- und Informationssicherheit herzustellen und zu erhalten. Hierzu hält die Sicherheitsagentur Notfallteams bereit. Diese werden für EU-Organe und auf Anforderung auch in den Mitgliedsstaaten der EU tätig. Zudem dient die Agentur als Informationsdrehscheibe zwischen den verschiedenen Einrichtungen der EU zur Bekämpfung der Internetkriminalität. Zudem agiert die Behörde als Sachverständige im Verfahren der Gesetzgebung zur Sicherheit der Kommunikationsnetze. Zur Erfüllung dieser Aufgaben wird die Agentur vom EU-Haushalt und den teilnehmenden (auch nicht EU-Staaten) Ländern finanziert.

1.2 Task Force Computer Security Incident Response Teams – TF-CSIRT

Die Task Force fördert die Gründung neuer CSIRTs in Europa, verknüpft und koordiniert deren Tätigkeit und versucht auch außereuropäische CSIRTs einzubinden. Mit einem so genannten „Trusted Introducer" werden europäische CERTs in einem Verzeichnis geführt und nach formeller Prüfung auch akkreditiert. Des Weiteren sollen über die Task Force Erkenntnisse und Knowhow besser geteilt und weitergegeben werden.

1.3 Trusted Introducer für CERTs[89] in Europa – TI

Die Organisation erfasst und registriert neu gebildete CERTs in einer gemeinsamen Datenbank. Diese Datenbank kann dazu genutzt werden ein zuständiges CERT zu kontaktieren. Es existieren CERTs nicht nur für die Öffentlichkeit und Firmen, sondern auch spezielle CERT-Einrichtungen für Bundesbehörden (CERT-Bund) und Bundeswehr (CERT-Bundeswehr des IT-Zentrums der Bundeswehr). Im deutschen CERT-Verbund arbeiten verschiedene Teams aus unterschiedlichen Branchen und Ämtern daran, die Kommunikation und Kooperation untereinander zu verbessern. So kann bei IT-Sicherheitsvorfällen schneller reagiert, übergreifende Informationen gesammelt und Sicherheitslösungen entwickelt werden.

2. Deutschland – Bund und Länder

2.1 Bundesamt für Sicherheit in der Informationstechnik – BSI

Dem Bundesministerium zugehörig, soll das BSI als nationale Sicherheitsbehörde die IT-Sicherheit in Deutschland gewährleisten. So sollen Sicherheitsrisiken und -lücken mit Sicherheitsmaßnahmen vorgebeugt werden. Außerdem für das BSI Beratungen zum Thema durch und verfolgt neueste Entwicklungen in der IT. Dazu arbeitet es eng mit Akteuren der IT- und Internetbranche zusammen und tauscht sich nicht nur mit Behörden, sondern auch mit Herstellern und privaten wie gewerblichen Nutzern und Anbietern von Informationstechnik aus.

2.2 Bundesamt für Verfassungsschutz – BfV – und Landesämter für Verfassungsschutz – LfV

Die Ämter verstehen sich als innerdeutsche Nachrichtendienste, die ausschließlich Daten sammeln und verwerten. Auf diese Weise sollen verfassungsfeindliche und extremistische Inhalte erkannt, der Geheimschutz garantiert und Spionage verhindert werden. Dieselben Aufgaben übernimmt im Verteidigungsministerium der militärische

---

89 CERT: Computer Emergency Response Team.

Abschirmdienst MAD. Alle Ämter führen nach Beauftragung durch die Industrie auch Beratungen zum Wirtschaftsschutz durch. Diese Dienstleistung soll verhindern, dass Geschäftsgeheimnisse durch andere Nachrichtendienste abgeschöpft werden. Hierzu erstellen die Ämter eine umfassende Sicherheitsanalyse und erstellen zusammen mit dem jeweiligen Unternehmen auch ein IT-Sicherheitskonzept um der Industriespionage vorzubeugen.

2.3 Bundesbeauftragter für den Datenschutz und die Informationsfreiheit – BfDI

Der BfDI sorgt bei den öffentlichen Stellen des Bundes und bei Unternehmen, die Telekommunikations- und Postdienstleistungen anbieten, für hinreichenden Datenschutz indem er diese kontrolliert und auch berät. Zu den weiteren Tätigkeiten zählt die Beratung und Kontrolle zur Durchführung von Sicherheitsüberprüfungen. Generell hat der Bundesbeauftragte die Aufgabe, den Datenschutz national sowie international zu sichern.

2.4 Landeskriminalämter – LKÄ

Die jeweiligen Sachgebiete bei den Landeskriminalämtern betreiben originär anlassunabhängige Fahndungen in Datennetzen. Die Zielrichtung dabei ist die Recherche von strafrechtlich- und auch polizeirelevanten Sachverhalten. Zudem wird ebenfalls Hinweisen der Bevölkerung in diesem Themenbereich nachgegangen. Nach einer Prüfung der entdeckten bzw. mitgeteilten Sachverhalte erfolgt deren Bewertung. Je nachdem, welches Handlungsfeld (Repression oder Prävention) betroffen ist, erfolgen Maßnahmen der Beweissicherung. Nach den Erstermittlungen zu Sachverhalt, Tatverdächtigen, Zusammenhängen mit anderen strafbaren Handlungen sowie der Feststellung des Tatortes werden die Ergebnisse an die zuständige Dienststelle abgegeben. Ziel der Netzwerkfahndung (Umgangssprachlich auch „Internetstreife") ist die Abschreckung von Straftätern durch polizeiliche Präsenz im Netz, Reduzierung strafbarerer Handlungen im Netz durch offene und verdeckte Fahndungsmaßnahmen und die konsequente Verfolgung von Straftaten im Internet.

2.5 Bundesministerium für Justiz und Verbraucherschutz – BMJV

Das BMJV tritt dafür ein, dass dem Verbraucher im Internet Datenschutz und Transparenz gewährt werden. Außerdem informiert es auf diversen Websites über Rechte, Gefahren und Maßnahmen im Internet.

2.6 Bundesnachrichtendienst – BND

Der BND sammelt Informationen zur Gewinnung von Erkenntnissen, die für die Sicherheits- und Außenpolitik von Bedeutung sind und wertet diese aus. Zur „technischen Beschaffung" dieser Informationen und zur Beobachtung der international operierenden Organisierten Kriminalität wird auch das Internet genutzt.

2.7 Bürger-CERT

Diese Expertengruppe informiert und warnt technisch interessierte Bürger sowie kleine Unternehmen über Gefahren und Sicherheitslücken im Internet. Der Service ist für die Nutzer kostenfrei und wird durch öffentliche Mittel finanziert.

2.8 Cyber-Abwehrzentrum (früher Nationales Cyber-Abwehrzentrum – NCAZ)

Wird vom BSI (Bundesamt für Sicherheit in der Informationstechnik) geführt. Direkt beteiligt sind auch BBK (Bundesamt für Bevölkerungsschutz und Katastrophenhilfe) und BfV (Bundesamt für Verfassungsschutz). Je nach Anlass werden nach deren Aufgaben und Befugnissen auch Bundeskriminalamt (BKA), Bundespolizei (BPol), Zollkriminalamt (ZKA), Bundesnachrichtendienst (BND) sowie Bundeswehr eingebunden. Das Zentrum koordiniert und optimiert die operative Zusammenarbeit aller staatlichen Stellen zu Schutz- und Abwehrmaßnahmen gegen Cyberangriffe. Bei diesem ganzheitlichen Ansatz handeln die beteiligten Behörden im Rahmen ihrer Zuständigkeiten und bewertet das Ereignis aus der jeweiligen Sicht. Es werden auftretende Vorfälle analysiert und entsprechende Empfehlungen u. a. für den Nationalen Cyber-Sicherheitsrat (NCS) ausgesprochen. Bei akuter Bedrohung wird vom Staatssekretär des Bundesministeriums des Inneren ein dafür eingerichteter Krisenstab benachrichtigt.

2.9 Nationaler Cyber-Sicherheitsrat – NCS

In diesem Rat arbeiten verschiedene Bundesministerien und das Bundeskanzleramt zusammen um Cyber-Übergriffe koordiniert vorzubeugen und allgemeine politische Standards zu schaffen.

2.10 Datenzentralen der Länder

Es gibt insgesamt 14 Datenzentralen in Deutschland. Diese unterstützen nachgeordnete Dienststellen als IT-Volldienstleister. Es werden technische und organisatorische Lösungen erarbeitet, die Verwaltungsabläufe optimieren z. B. im Bereich Netzwerk, Internet, System-Service und Software-Entwicklung und -pflege.

2.11 Gemeinsames Internetzentrum – GIZ

Im „Gemeinsamen Internetzentrum" arbeiten das Bundesamt für Verfassungsschutz, das Bundeskriminalamt, der Bundesnachrichtendienst, das Amt für den Militärischen Abschirmdienst und die Generalbundesanwaltschaft zusammen. Ein Austausch findet auch mit den zuständigen Landesbehörden statt. Aufgabengebiet des GIZ ist es, das Internet systematisch nach islamistisch-terroristischen Inhalten zu durchforsten. Diese werden beobachtet und analysiert und Bewertungen erstellt. Die Ergebnisse werden den zuständigen Sicherheitsbehörden zur Verfügung gestellt.

2.12 IT-Sicherheit in der Wirtschaft

Die Initiative ist eine Einrichtung des Bundesministeriums für Wirtschaft und Energie. Bei klein- bis mittelständische Unternehmen fehlt es oft an Sicherheitslösungen für IT und auch Verständnis für notwendige Daten- und Anwendungssicherheit. Daher hat die Einrichtung die Aufgabe, konkrete Maßnahmen zu erarbeiten und die Unternehmen zur IT-Sicherheit zu schulen. Des Weiteren werden bestehende Angebote an Beratungsmöglichkeiten gebündelt und geordnet um einen Überblick zu verschaffen.

2.13 Netzwerk Elektronischer Geschäftsverkehr – NEG

Das Netzwerk besteht aus in ganz Deutschland verteilten Beratungsstellen, die klein- und mittelständische Unternehmen (KMU) unter anderem für IT-Sicherheit sensibilisieren und konkrete Hilfestellungen für E-Business, Internetmarketing und IT-Sicherheit geben. Dies geschieht durch Beratungen vor Ort sowie Fortbildungen zu den genannten Themen. Das Netzwerk steht unter Förderung des Bundesministeriums für Wirtschaft und Energie.

2.14 Zentrale Stelle für Informationstechnik im Sicherheitsbereich – ZITiS

Die Zentralstelle nennt sich selbst als das „Start-up" unter den Behörden. Gegründet im April 2017 ist ZITiS ein Dienstleister für die Sicherheitsbehörden in Deutschland. Die Aufgaben umfassen die Bereiche digitale Forensik, Telekommunikationsüberwachung, Krypto- und Big-Data-Analyse wie auch technische Fragen der Kriminalitätsbekämpfung, Gefahren- und Spionageabwehr. Daneben forscht sie anwendungsbezogen zur Problemlösung sowie auf dem Gebiet der Grundlagenforschung. Zudem entwickelt und testet die zentrale Stelle Strategien, technische Lösungen und Werkzeuge mit Cyberbezug. Auch koordiniert sie gemeinsame Projekte mit den deutschen Sicherheitsbehörden, unterstützt und berät.

3. Organisationen der Wirtschaft

3.1 Allianz für Sicherheit in der Wirtschaft e. V.

Die Allianz (früher: Arbeitsgemeinschaft für Sicherheit in der Wirtschaft e.V.) hat als zentrale Organisation der Wirtschaft die Aufgabe die Mitglieder zu repräsentieren, zu koordinieren und zu beraten. Dazu steht sie im Dialog mit den unterschiedlichsten Sicherheitsbehörden und gibt deren Informationen und Warnungen an ihre Mitglieder bzw. Hinweise über relevante Sachverhalte auch an die Sicherheitsbehörden weiter. Neben der Netzwerkarbeit und dem Verbreiten von Sicherheitsinformationen organisiert der Verband Informationsveranstaltungen, Schulungen und Ausbildungsprogramme u. a. zur IT-Sicherheit.

3.2 Deutschland sicher im Netz e.V. – DsiN e.V.

Der Verein soll bei Unternehmern und Verbrauchern ein Gespür für Gefahren und Möglichkeiten des Internets und vor allem dessen Sicherheit wecken. Hierzu gibt er Tipps und Informationen für unterschiedliche Zielgruppen wie Kinder, Jugendliche, Eltern und mittelständische Unternehmer heraus.

3.3 Nationale Initiative für Information- und Internet-Sicherheit e.V. – NIFIS e.V.

Die Initiative für Informations- und Internetsicherheit sieht sich als Selbsthilfeorganisation der deutschen Wirtschaft und will Datensicherheit gewährleisten. Hierzu bietet die NIFIS für die Wirtschaft verschiedene Sicherheitslösungen an. Daneben berät sie ihre Mitglieder bezüglich IT-Sicherheit auch organisatorisch und rechtlich.

3.4 Verband der deutschen Internetwirtschaft e.V. – eco e.V.

Der Verband vertritt die Interessen ihrer Mitglieder, die ihre Geschäfte im oder mit dem Internet betreiben, gegenüber der Politik und berät sie bei Marktstrategien. Daneben bietet er Beratungsangebote, unterstützt bei Fragen zur Rechtslage und erhöht mit verschiedenen Angeboten und Veranstaltungen die Sicherheit im Netz und verbessert den Jugendschutz.

Sachverzeichnis

2D-Gesichtserkennung 49

Add-on 118
Allianz für Sicherheit in der Wirtschaft 175
Ammyy 20
Android 169
Anti-Forensik 167
Apple Pay 47
Applikation 12, 48, 59 f.
ARP-Spoofing 63
Auslandsgespräche 106
Authentifizierung 45

Backdoor 54, 65
Backups 100
Banking Trojaner 19
Bankverbindungsdaten 11
BDSG-neu 13
Beschlagnahme 165
Bestandsdaten 148
BfDI 172
BfV 171
Bitcoins 93 f.
Bitcoin Wallet 95
BITKOM 8
BKA-Trojaner 87
Black 169
BMJV 173
BND 173
Body 32, 36
Botnetz 62, 65
BSI 171
Bullying 139
Bürger-CERT 173

Cache 119
Callthrough 103
Cash Trapping 76
cashcloud 47

CCieS 4
CCiwS 4
chip-TAN 58
Cold Stop 106
Computerforensik 163
Computerkriminalität
 – im engeren Sinn 4
 – im weiteren Sinn 4
Corporate Design 36
Cross Site Scripting 30
Cyber-Abwehrzentrum 173
Cyber-Bullying 139
Cybercrime Convention 5
Cybergrooming 131
Cybermobbing 139

Dark Market 10
Datenschutzgesetz neu 12
Datenschutzgrundverordnung 12
Datenzentralen der Länder 174
Debitkarte 12, 73
DFO 163
Diebstahl von Kartendaten 12
digitale Unterschrift 50
DNS 63
DNS-Spoofing 63
Dokumentation 165
Drive-by-Download 88
Drive-by-Infection 29
Dropzone 40
DSGVO 12
DsiN e.V. 176
Dual Use 78
dual-use-tool 65
Dubletten 78
Dubletten 80
Dubletten 81
Dump 72
dumpster diving 10

177

Sachverzeichnis

Echtzeit-Trojaner 63
eco e.V. 176
EDKA-App 47
E-Mail-Header 32, 136
Emotet 19, 93
EMVCo 73
EMV-Standard 73
ENISA 170

face-to-face-Mobbing 142
Fake 9, 30, 96, 140
Fake-Accounts 9
Faraday-Packs 169
Fehlerquote 11
filesharing 118
Filmwerke 116
Finanzagent 110, 112
Fingerabdruckscanner 48
Fingerprint 57
FinTS 50
Firewall 14, 20, 23, 41, 100, 138, 157
Flaming 140
Flicker-Code 58
Flugmodus 169
forensische Programme 169
freie Lizenz 119

generated content 1
girogo 12
GIZ 174
Google Pay 47

Hash 159
Hashwert 159 f., 162
haveibeenpwned 155
HBCI 50
HBCI+-Verfahren 52
Hellfeld 6
Homebanking 44, 50
HPI Identity Leak Checker 155
https 157

IBAN 27
Identität 8
Identitätsdiebstahl 8, 11, 13, 15

Identitätsmissbrauch 9
Initialisierung 50
Innentäter 7
Instant-Messenger 140
Integrität 164
Internetbanking 43
Internetkriminalität 3
Intrusion Detection System 167
iOS 169
IoT 2
IP Tracking 35
IPv6 64
Iriserkennung 48
iTAN 46, 52
iTANplus 52
IT-Forensik 163
IT-Sicherheit in der Wirtschaft 174

Jackpotting 75
Jittering 74

Kartenleser 72
Kartenleser Sicherheitsklassen 51
Keylogger 45, 48, 50 f., 104
Kinderpornographie 127
Kopierbörse 118
Kreditkartennummern 8, 11
Kundendaten 11

LfV 171
Lichtbildwerke 116
Live Response 166
Live-Forensik 163, 166
LKA 172
Loop-Trick 76

Macros 94
Malware 10 f., 14, 30 f., 51 ff., 58, 61, 65, 68, 87 f., 98, 101, 104
Man-in-the-browser 62
Man-in-the-middle 59, 62
Man-in-the-Middle-Angriff 50
Mastercard 11
MD5 159
MD5-Hash 164

Mehrwertdienste 105
Metadaten 32
Mitmach-Web 1
MM-Merkmal 75
mobile TAN 52
Mobile-Payment 47
Moneygram 111
mTAN 46, 52

NCAZ 173
NCS 174
Near Field Communication 47
NEG 175
NFC 12, 61
NFC-Technik 47
NIFIS e.V. 176

Onlinebanking 43
optic-TAN 58

Passwort-Manager 157
Passwortsicherheit 154
Patches 41
paydirekt 47
PayPal 36, 38 f.
PayPass 12
Paysafe 89
payWave 12
Peer-to-Peer-Netzwerk 118, 129
Pharming 63
Phishing 26
photoTAN 59
Phreaker 17
phreaking 26
PKS 6
Plug-in 119
polymorpher Virus 93
Portierung 55
Posing 127, 134
POS-Terminal 72
postmortale Forensik 163
Priceless Specials 11
Privatkopie 116, 118
Programmdateien 15

PSD2 45, 52
Push-TAN 57

QR-Bezahlcode 47
QR-Code 59, 61
qrTAN 60
Quellcode 39 f.
Quick-Response-Code-TAN 60

Rainbow-Table 160
Ransomware 29, 87, 89, 91 f., 97
RFID 12, 48
Router-Hacking 103
Routing 35
RSA 46
RYUK 19

Salt 162
Scareware 87
Schöpfungshöhe 116
Schreibschutz 165
Schulprivilegien 117
Schwachstellen 11, 73, 88
SECODER-Standard 51
Security-Token 46
SEPA 74
Sexpressung 94
ShowMyPC 20
Sicherheitsupdates 15, 44
Sicherstellung 165
Sicherungskopie 116
SIM-Swapping 55
Skimmer 72
Skimming 72
sm@rt-TAN 58
SMS-TAN 52
social community 30
social engineering 11, 17, 19, 24 f.
social hacking 11, 17
Sperrnotrufnummer 41, 86
Sprachwerke 116
SpyEye 54
SQL-Injection 159
Stalking 140

Sachverzeichnis

Störerhaftung 143
Streaming 119
Subdomain 39
Symbian 169

TAN 46
TAN 52
Tauschbörse 118
Teamviewer 20
Telefonanlagen-Hacking 103
Terminierung 105
TF-CSIRT 170
TI 171
Time-Stamps 166
Tippverhalten 48
Token 46
Toolkits 10
Trickbot 19, 93

Ukash 10, 87, 89, 92, 111
Urheberrecht 116
URL 100
UWG 4, 21

Verkehrsdaten 148
Vervielfältigung 117
Video-Ident-Betrug 111
Video-Ident-Verfahren 111
Virenscanner 20, 23, 42, 68, 87, 138
Virensoftware 14, 16, 54, 59, 157

Warenagent 110, 113
Web 2.0 1
Western Union 111
White Plastic 72
Whois-Abfrage 136
WLAN-Hotspot 25
WLAN-Router 15
Writeblocker 165

Zeitstempel 165
ZeuS 53
zip-Trojaner 87, 89
ZITiS 175
Zusatzprotokoll 5
Zwei-Faktor-Authentifizierung 45
Zwei-Faktoren-Authentifizierung 49
Zweite Zahlungsdiensterichtlinie 45